京都歴史地図帖

探訪!!

歴史探訪研究会＝編

小学館

京都広域図

貴船山
▲700
貴船神社
貴船町
鞍馬山
鞍馬寺
P58
くらま温泉
静原町
左京区
翠黛山
546▲
草生町
寂光院
大原
三千院
金毘羅山
▲573
野村町
江文峠
東又川
来迎院町
中津川
出谷町
中畑町
中津川町
賀茂川
鞍馬二ノ瀬町
鞍馬
竜王岳
▲500
貴船口
市原～鞍馬間運転休止
バスによる振替輸送有り
（2021年3月現在）
京都市
井手町
戸寺町
花尻町
▲433
箕ノ裏ヶ岳
静原川
水井山
▲794
十三石山
▲496
夜泣峠
二ノ瀬
市原町
北区
静市
村松町
瓢箪崩山
▲532
鯖街道
高野川
市原
野中町
中在地町
長谷町
八瀬
近衛町
秋元町
奥比叡ドライブウェイ
延暦寺
P22
右京区
城山
▲480
神山
▲302
二軒茶屋
叡電鞍馬線
実相院
山住神社
八瀬トンネル
峰山
538▲
清滝川
周山街道
菩提川
菩提滝
京見峠
西賀茂
賀茂川
京都精華大前
木野
岩倉
花園町
野瀬町
三宅八幡宮
ケーブル八瀬
京福ケーブル
ロープウェイ
大比叡
▲848
▲838
四明岳
比叡山頂
ケーブル比叡
八瀬比叡山口
上高野
三宅八幡
楢尾町
高山寺
西明寺
引地町
月輪寺
釈迦谷山
▲291
正伝寺
大将軍神社
上賀茂神社
円通寺
八幡前
左京区
宝が池
宝が池公園
宝ケ池
修学院
赤山禅院
修学院離宮
沢山
▲516
梅ヶ畑
御経坂峠
沢ノ池
神護寺
空也滝
源光庵
光悦寺
御薗橋
深泥池
西山
東山▲
堀川通
北山通
金閣寺
P86
今宮神社
京都府立植物園
修学院
曼殊院
一乗寺
詩仙堂
叡電叡山本線
滋賀県
滋賀里
菖蒲谷池
平岡八幡宮
大徳寺
北大路通
下鴨
下鴨神社
狸谷不動院
山中町
大津市
比叡山ドライブウェイ
嵐山高雄パークウェイ
観空寺谷町
御室川
船岡山公園
茶山
北白川
瓜生山
銀閣寺
P90
龍安寺
引接寺
千本閻魔堂
相国寺
元田中
直指庵
北嵯峨
嵯峨
立命館大
平野神社
大報恩寺
妙顕寺
出町柳
宇多野
仁和寺
等持院
北野天満宮
同志社大
比叡平
トロッコ保津峡
愛宕念仏寺
大覚寺
大沢池
広沢池
嵐電北野線
大将軍八神社
京都御所
今出川通
京都大
千石台
保津峡
化野念仏寺
鳥居本町
嵯峨釈迦堂
（清凉寺）
嵯峨広沢
文徳天皇陵
鳴滝
妙心寺
西大路通
千本通
上京区
鴨川
京阪鴨東線
東大路通
白川通
法然院
祇王寺
二尊院
常寂光寺
嵯峨嵐山
（山陰本線）
JR嵯峨野線
常盤
太秦
法金剛院
烏丸通
京都御苑
府立医大
真如堂
鹿ケ谷
大文字山
▲466
嵯峨野観光鉄道
北松尾山
天龍寺
花園
円町
丸太町通
平安神宮
栗田口
如意ヶ岳
長等トンネル
嵐山
鹿王院
車折神社
帷子ノ辻
広隆寺
東映太秦映画村
中京区
太秦広隆寺
二条城
知恩院
P74
禅林寺（永観堂）
南禅寺
鳥ヶ岳
398
382▲
嵐山
法輪寺
嵐山
嵯峨芸術大
蚕ノ社
嵐電天神川
嵐電嵐山本線
二条
御池通
頂法寺
河原町
大将軍神社
粟田口
藤尾奥町
JR湖西線
大津京へ

京都府
西京区
松尾大社
華厳寺
西芳寺(苔寺)
地蔵院(竹の寺)
小畑川
京都縦貫自動車道
沓掛ＩＣ
大原野ＩＣ
願徳寺
勝持寺
(花の寺)
大原野神社
西迎寺
金蔵寺
長峰寺
日正寺
十輪寺
三鈷寺
善峰寺
光明寺
乙訓寺
向日市
長岡京跡
長岡京市
長岡天満宮
極楽寺
勝竜寺城跡
長岡京ＩＣ
西山天王山
大山崎町
大山崎JCT
大山崎ＩＣ
大阪府
島本町
天王山
290
天王山トンネル
観音寺
山崎
高槻市
島本高
島本
桂離宮
桂川
阪急京都線
JR京都線(東海道本線)
西大橋
上野橋
京都光華女子大
五条通
丹波口
下京区
梅小路京都西
西京極
久世橋
南区
京都南ＩＣ
九条通
十条通
東寺
P26
西本願寺
P78
東本願寺
P78
六波羅蜜寺
P30
清水寺
京都タワー
国立博物館
智積院
三十三間堂
東山区
東福寺
観音寺
泉涌寺
伏見稲荷大社
石峰寺
城南宮北出入口
上鳥羽口
竹田
城南宮
鳥羽離宮跡
桂川PA
久我橋
久我神社
福生寺
妙真寺
羽束師橋
城南宮南出入口
第二京阪道路
教育大高
藤森神社
京都教育大
JR藤森
近鉄丹波橋
桃山高
伏見桃山陵
JR奈良線
大善寺
六地蔵
外環状線
観月橋
地福寺
JR東海道新幹線
京阪本線
宇治川
宇治川大橋
巨椋大橋
淀城跡
京都競馬場
巨椋池ＩＣ
久御山JCT
京滋バイパス
巨椋ＩＣ
久御山ＩＣ
久御山淀ＩＣ
久御山町
石清水八幡宮
御幸橋
木津川
宇治市
宇治西ＩＣ
近鉄京都線
宇治東ＩＣ
安養寺
三室戸寺
萬福寺
平等院
P66
宇治トンネル
明星山
233
神女神社
伏見区
一言寺
醍醐寺
醍醐山
恵福寺
法界寺(日野薬師)
天下峰
348
随心院
勧修寺
名神高速道路
高塚山
485
山科区
山科出入口
大石神社
笠原寺
行者ヶ森
440
経岩
京都東ＩＣ
安楽寺
JR東海道新幹線
京阪京津線
JR琵琶湖線(東海道本線)
六条天皇陵
清水山
242
本圀寺
天智天皇陵
安祥寺
逢坂山トンネル
0
2km

京都 歴史地図帖

目次

延暦寺

上賀茂神社

大文字送り火

祇園祭（注連縄切り）

『紫式部日記絵詞』より

Image : TNM Image Archives

鞍馬寺の本殿金堂

東本願寺

法然院

千年の都の光と影

平安神宮

桓武天皇が二度も求めた「永遠の都」への遷都

781年（天応元）、光仁《こうにん》天皇を継いで即位した桓武《かんむ》天皇は、過去を断ち切り人心を一新するため、新たな都の造営を決意した。

桓武天皇は仏教政治からの脱却と人口増加に対応するため、水運の便を欠く平城京《へいじょうきょう》を廃都し長岡京《ながおかきょう》への遷都を断行する。しかしそれまでの天武《てんむ》天皇系の皇系ではなく天智天皇系だった桓武天皇には、勢力の基盤が確立されていなかった。そんななか、新都の造営を主導する腹心の藤原種《たね》継《つぐ》が反対勢力に暗殺され、皇太弟早良《さわら》親王が廃位、死亡する事件が起こる。その後も天皇の身内に不幸が続いたため、わずか10年で長岡京は廃都。再遷都が図られることとなる。

一連の不幸が早良親王の怨霊のたたりとされたため、二度目の遷都にはそれまで以上に地理的にすぐれるとされた四神相応《しじんそうおう》の地相が選ばれた。三方を山に囲まれた平安京である。さらに平安京は水陸交通の発達した土地でもあった。

桓武天皇の死後に起こった「薬子《くすこ》の変」が契機となり、平安京は首都として定着。名実ともに「万代《よろずよ》の宮《みや》」となるのである。

比叡山《ひえいざん》
比叡山は『古事記』にも神が鎮座する場所として登場し、古くから修験者が入っていたと考えられる。平安京造営にあたって北東の方角は「鬼門」として忌み嫌われており、比叡山と延暦寺は鬼門封じとしても位置づけられた。
比叡山
叡電叡山本線
鴨川《かもがわ》
都の東部を南に流れ、淀《よど》川にそそぐ水運のひとつ。出町以北の上流部を「賀《か》茂《も》川」、出町以南を「鴨川」とよぶ。本来は現在の堀川筋を流れていたが、遷都に際して東側に流路を変更したといわれる。四神の青龍《せいりゅう》が棲《す》むとされる。
琵琶湖
山科駅
JR東海道新幹線
名神高速道路

六地蔵駅
六地蔵駅
京阪宇治線
JR奈良線

平安京《へいあんきょう》

1869年（明治2）の東京遷都まで、約千年続いた日本の都。794年（延暦13）に長岡京から遷都。鴨川や山陰道による水運と陸運が発達した地域であること、風水の考え方から守られた地形であったことが、この地への遷都の大きな要因となった。

船岡山《ふなおかやま》

高さ約110メートルの小丘陵で船を伏せたような形からその名がある。平安京造営の際、この山を基準にして京域の中心線である朱雀《すざく》大路《おおじ》を定めたといわれる。四神の玄武《げんぶ》の山に見立てられた。

山陰道《さんいんどう》

奈良・平安時代の地方行政区画の五畿七道のうちの七道のひとつ。官道であり、陸運を担っていた。京から丹波へ抜け、その先で山陽道とも交わる。平安京の西に抜けることから、四神の白虎《びゃっこ》が守護すると考えられた。

長岡京《ながおかきょう》

784年（延暦3）、交通の要衝であったことから桓武天皇が初めて遷都した都。しかし、造営の中心人物・藤原種継が暗殺され、皇太弟早良親王が廃位され死亡するなど、政争や天変地異が続いたため、10年で廃都となった。

巨椋池《おぐらいけ》

京都盆地の南部にかつてあった湖。現在の伏見区、宇治市、久世《くせ》郡久御山《くみやま》町にまたがるとされる。古来干拓がすすめられ、1933年（昭和8）からの干拓事業によって池は消滅した。ここに四神の朱雀が棲むとされた。

四神に守られた平安京生まれる

794年（延暦13）、桓武《かんむ》天皇の命を受け平安京が建都された。新たな都が築かれた山城の地は、守護神に守られた「形勝」の地だった。

長岡京《ながおかきょう》の造営に際して、貴族層内の対立や自ら食を断って憤死した早《さわ》良《ら》親王の怨霊に悩まされた桓武天皇は、新たな都を「平安京」と名づけた。そこは水陸両運にすぐれ、なにより中国の思想「四神相応《しじんそうおう》」という地理的景観が四神にふさわしい吉祥の地だった。

四頭の聖獣（四神）はそれぞれ棲《す》む場所が決まっていた。東の流水（青龍）、西の大道（白虎）、南のくぼ地（朱雀）、北の丘陵（玄武）がそれであり、平安京はその条件に見合っていた。不吉なものが入り込むとされる丑寅《うしとら》（北東）の鬼門の方角には聖地・比叡山があり、延暦寺が守護していた。平安京は幾重にも守られた土地だったのだ。

比叡山
延暦寺
宝が池
高野川
叡電叡山本線
下鴨神社
鴨川《かもがわ》
北白川
東の川に棲む
青龍《せいりゅう》
東の守護神は、青龍。清い水流の象徴である。平安京では鴨川がそれにあたる。鴨川の上流には古代豪族鴨氏がまつる社（のちの上賀茂《かみがも》・下鴨《しもがも》両神社）もあった。
音羽山
山科駅
山科
JR東海道新幹線
名神高速道路
宇治川
巨椋池《おぐらいけ》
往時は周囲16kmあった池。徐々に縮小し、1933年（昭和8）の干拓事業で完全に消滅した。

船岡山に棲み北を守る

玄武《げんぶ》

北の守護神は、亀と蛇の合体である玄武。竜脈とよばれる気の流れの発する地である丘陵が求められた。平安京では船岡山がそれにあたる。

西の山陰道・
山陽道を守護

白虎《びゃっこ》

西の守護神は、白虎。都にこもった邪気を逃す道が求められた。平安京では山陰道がそれにあたる。

現在は消滅した
巨椋池に棲んだ

朱雀《すざく》

南の守護神は、朱雀。川が注ぎ込む池が求められた。平安京ではかつて鴨川と桂川《かつらがわ》の合流点近くに広がっていた巨椋池がそれにあたる。

日本の文化を生み、育てた千年の都、造営！

桓武《かんむ》天皇の命により整然と区画され、最新の都市機能を備えた都城は、東西約4・5キロメートル、南北約5・2キロメートルの広さがあった。

下鴨神社境内に広がる糺《ただす》の森

京都屈指の古社

上賀茂《かみがも》神社と下鴨《しもがも》神社

両社とも創建は平安遷都以前にさかのぼる。豪族・鴨氏と関わりが深く、桓武天皇が皇城鎮護の神として重視。以後、山城国一宮として崇敬された。有名な「葵祭《あおいまつり》」は両社の例祭。→P42

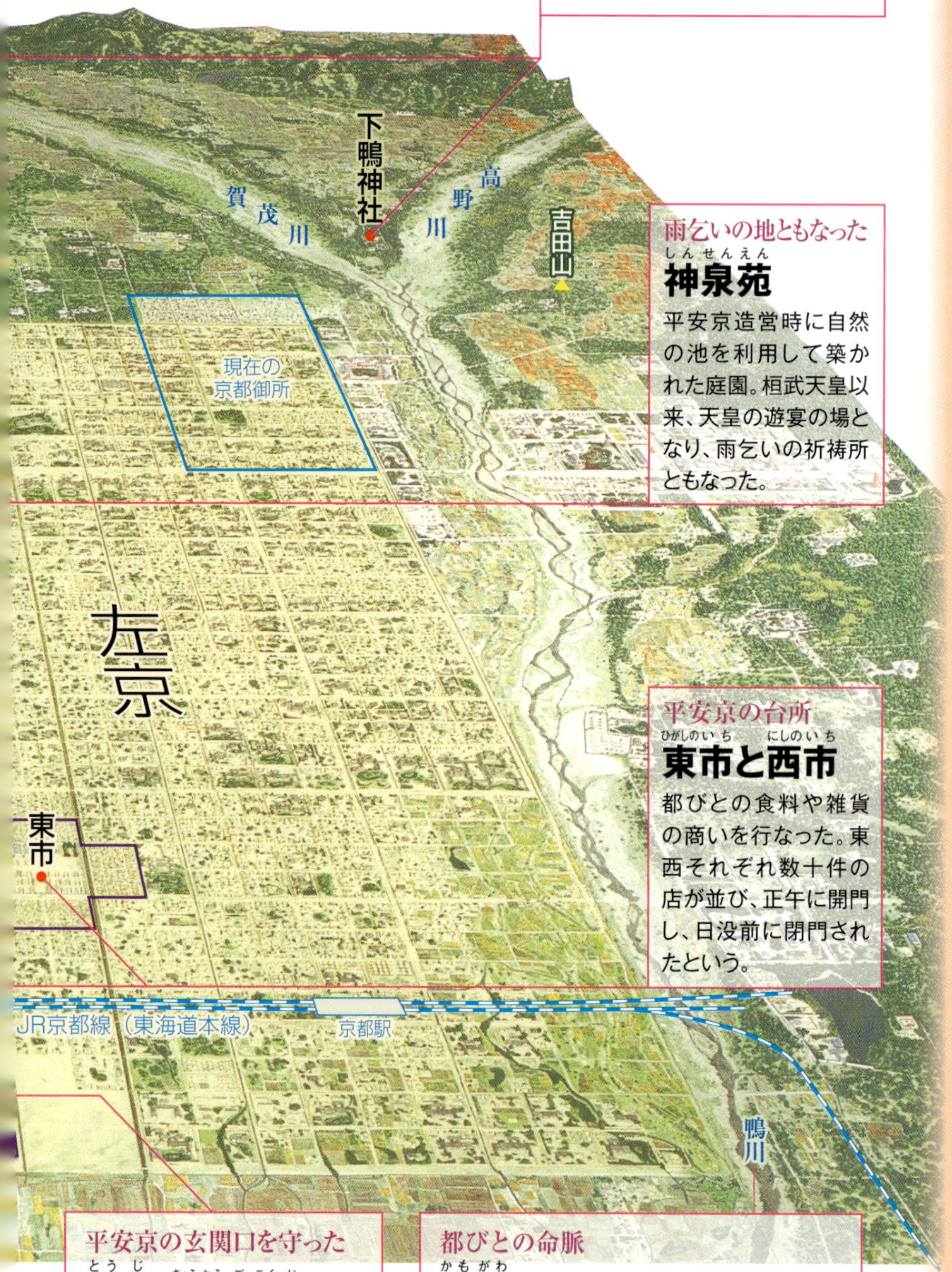

雨乞いの地ともなった

神泉苑《しんせんえん》

平安京造営時に自然の池を利用して築かれた庭園。桓武天皇以来、天皇の遊宴の場となり、雨乞いの祈祷所ともなった。

平安京の台所

東市《ひがしのいち》と西市《にしのいち》

都びとの食料や雑貨の商いを行なった。東西それぞれ数十件の店が並び、正午に開門し、日没前に閉門されたという。

平安京の玄関口を守った

東寺《とうじ》（教王護国寺《きょうおうごこくじ》）

西寺《さいじ》とともに平安京造営時に築かれた官設寺院。→P26

都びとの命脈

鴨川《かもがわ》

源流は丹波山地で、高野川との合流点までは「賀茂川」、そこから下流を「鴨川」と書く。遷都以降、輸送と行楽、近世以降は友禅染めの用水と、都びとに不可欠の水路だった。

大内裏の正庁・朝堂院《ちょうどういん》を模してつくられた平安神宮

都の中心をなす

内裏《だいり》と大内裏《だいだいり》

「内裏」は天皇の住まい。「大内裏」は内裏と中央省庁を含んだ都の中心部。内裏は禁裏･皇居、大内裏は平安宮･宮城ともいう。→P62

造営の基準点

船岡山《ふなおかやま》

標高はわずか112メートルだが、周囲から独立した丘陵のため平安京造営の基準地とされたらしい。都の中央を貫く朱雀《すざく》大路は、この山のほぼ真南に築かれている。

平安京400年間の姿

平安京復元模型（京都市歴史資料館）をもとに作成

聖徳太子ゆかりの

広隆寺《こうりゅうじ》

7世紀の創建という京都随一の古刹《こさつ》。一帯には渡来系の有力豪族で土木技術に秀でた秦《はた》氏が住んでいた。有名な弥勒菩薩半跏思惟像《みろくぼさつはんかしいぞう》が安置されている。

王城の西の抑《おさ》え

桂川《かつらがわ》

上流は保津川、京都盆地に入って桂川となり、京都南部で鴨川と合して淀川に注ぐ。

平安京の正門

羅城門《らじょうもん》

「羅生門」ともいう。間口七間（約12メートル）、朱塗りの柱、本瓦葺きの堂々たる建物だったが、やがて朽ち果てて様々な伝説を生んだ。

都への公式道路

鳥羽《とば》の作り道

平安京造営にあたって開かれた新道。鴨川下流の鳥羽の港に到る。物資や外国からの賓客は鳥羽からこの道を通って、都に入った。

1000年の時を超えてつながる
平安と現代の都

唐（中国）の都、長安を範にして、南北を走る朱雀大路《すざくおおじ》を中心に、左右対称の整然とした基盤目状の都市計画に基づいてつくられた平安京。その姿は今なお南北東西を走る道筋に残っている。

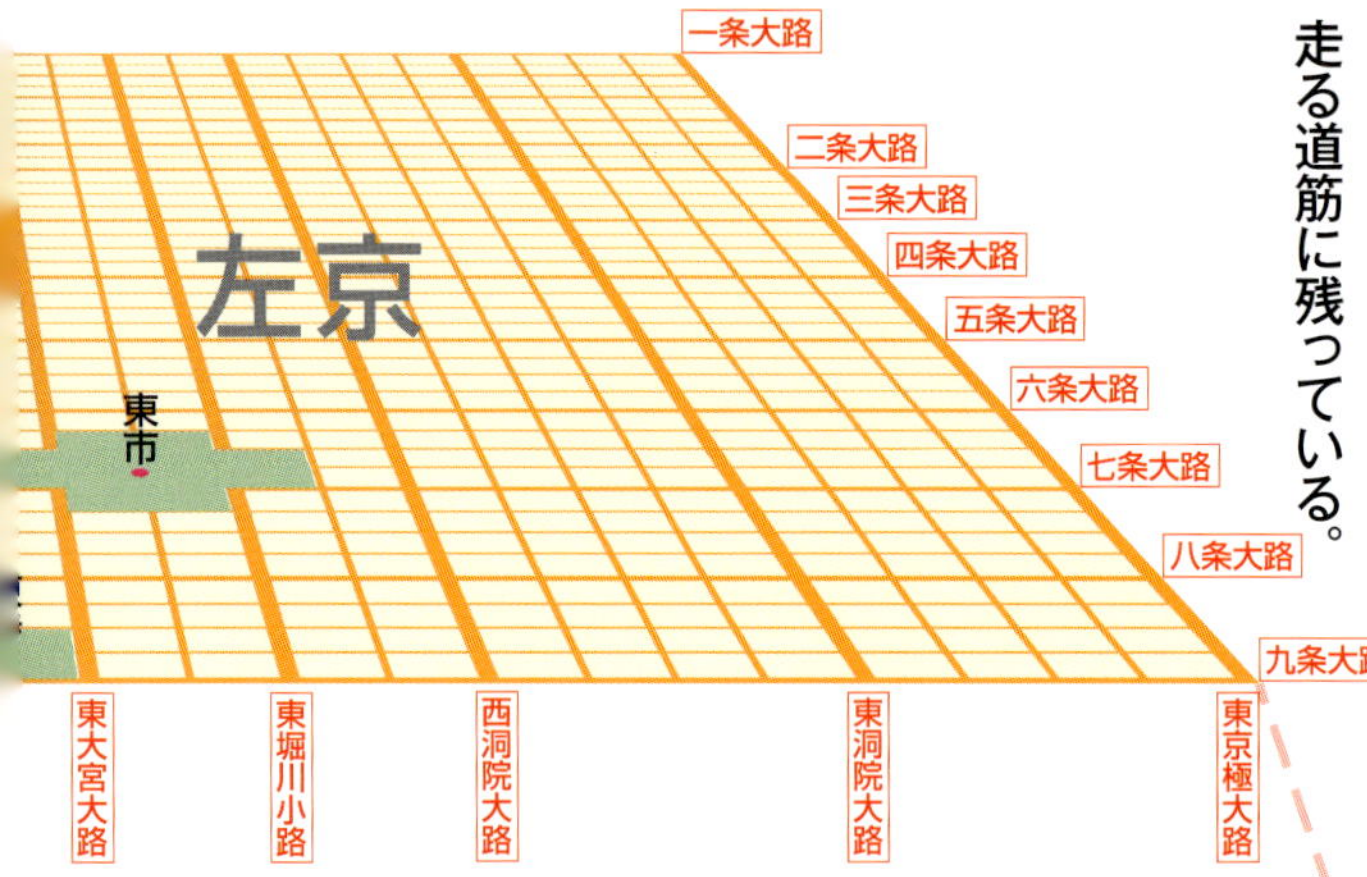

内裏《だいり》から京都御苑《きょうとぎょえん》へ

天皇の住まい「内裏」は11世紀以降、大内裏の外の貴族の邸宅などを「里内裏《さとだいり》」として使用し、洛中を転々とした。13世紀には内裏そのものが焼失。14世紀の里内裏である土御門第《つちみかどだい》が母体となり、その後の「京都御所」が築かれた。

五条大橋《ごじょうおおはし》

平安時代の五条大橋は現在の松原橋にあたり、弁慶と牛若丸対決の舞台も松原橋付近となる。現在の五条大橋は、豊臣秀吉時代の大改修が起源。

平安京

東西約4.5km、南北約5.2kmあり、東西の通りは最北の一条大路から九条大路まであった。四条大路から北に人口が集中していたという。中心は大内裏である。
→P62

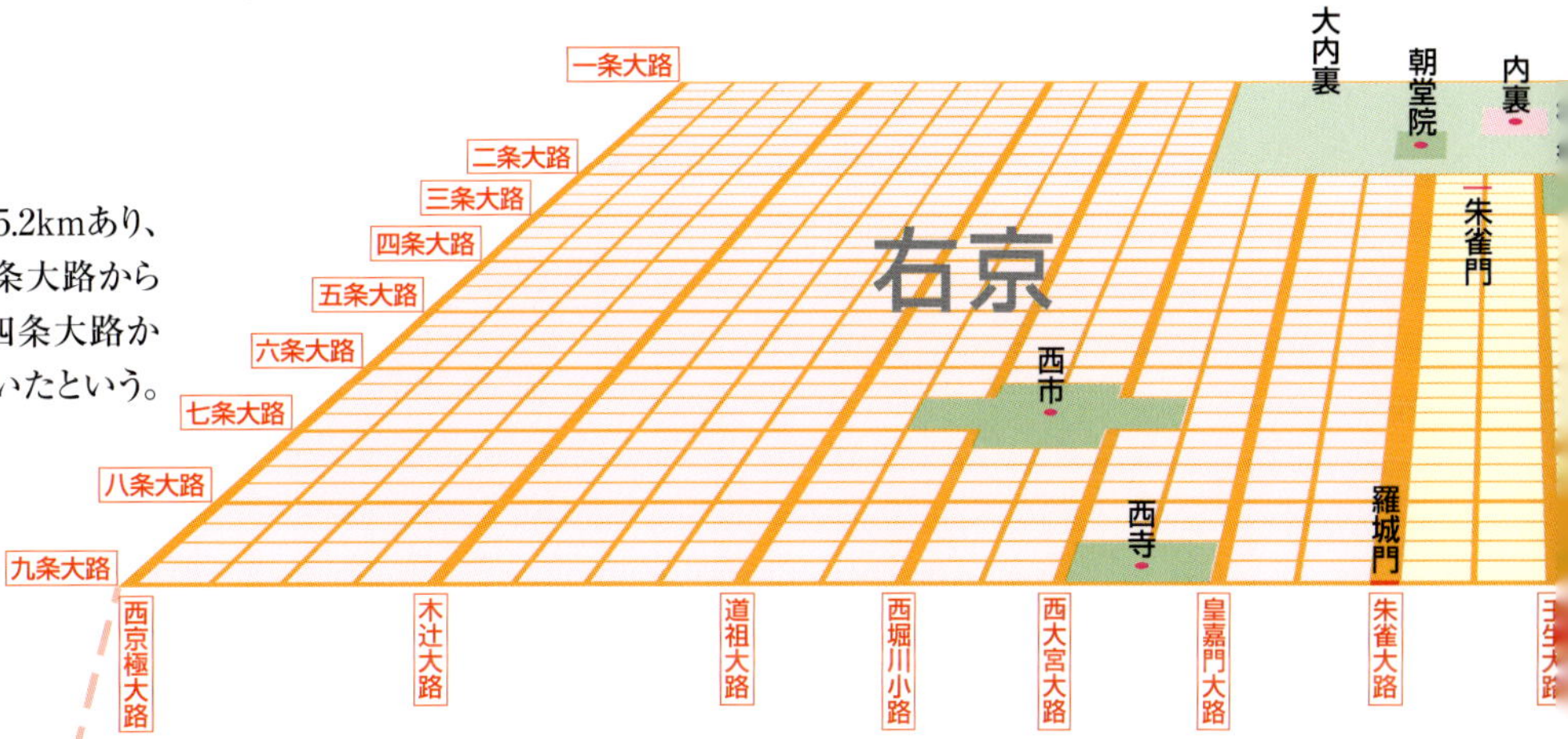

現代の洛中

現在の京都市の中心部が平安京の範囲にあたる。寺町通沿いに市役所があり、その南の三条〜四条通周辺が最大の繁華街である。

五《ご》条《じょう》大《おお》路《じ》から松《まつ》原《ばら》通《どおり》へ

平安時代の五条大路は現在の松原通であり、現在の五条通は平安時代の六条坊門通にあたる。豊臣秀吉時代の大改修により、五条大橋と一緒に位置が移動した。

右京《うきょう》

内裏にいる天皇が公式には南に面することから、洛中西部が右京、東部が左京と定められた。桂川に近く低湿地帯だった右京は、10世紀には荒廃し、左京の過密化とは対照的だった。

朱雀大路《すざくおおじ》

平安京のメインストリートで、右京と左京を分けていた。道幅は約84メートルあったとされる。現在の千本通が、ほぼ重なる。

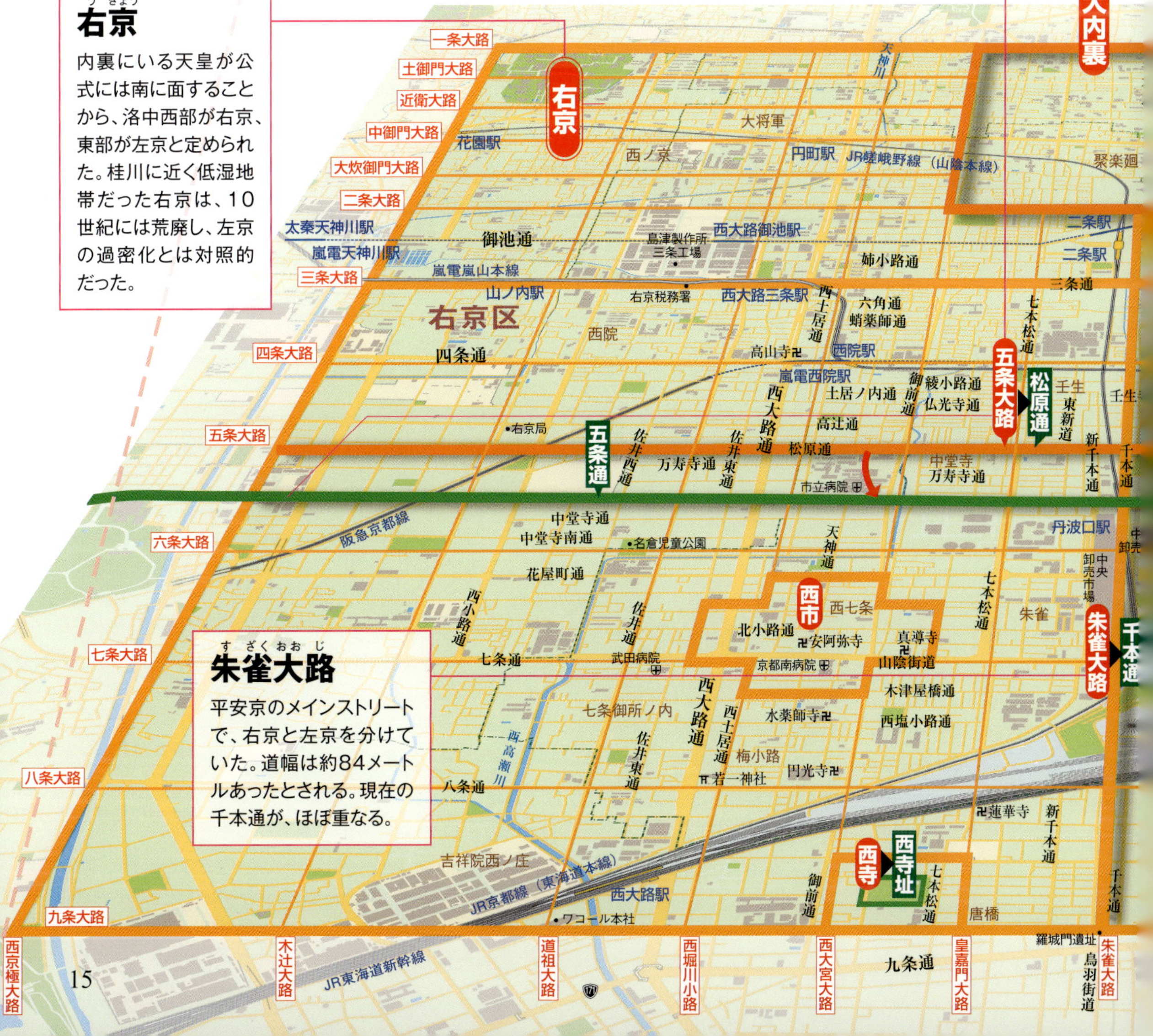

桓武天皇の二度にわたる遷都

奈良時代末、光仁《こうにん》天皇と渡来系の高野新笠《たかののにいがさ》の間の子として生まれた桓武《かんむ》天皇は、旺盛な権力意思を発揮して、平城京から長岡京へ、そして平安京へと、生涯に二度の遷都を行なった。その一方、謀反《むほん》の疑いで死に至らしめた弟・早良《さわら》親王らの怨霊に終生苦しめられた。

781年（天応元）

血塗られた皇位継承者
桓武天皇即位
皇統は天武系から天智系へ

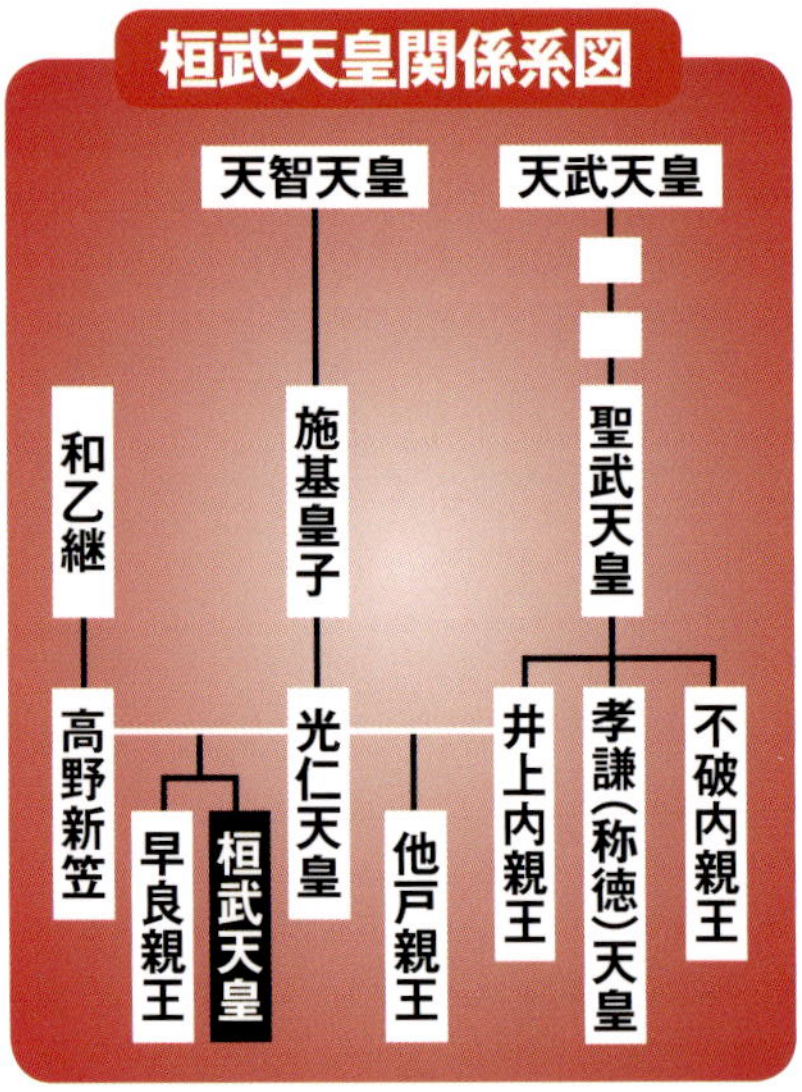

桓武天皇関係系図

桓武天皇は、光仁天皇の第1皇子であるが、母・高野新笠の家柄が低かったため、当初、皇位継承者の立場になかった。ところが、父・光仁天皇の皇后・井上《いのうえ》内親王（聖武《しょうむ》天皇の娘）が天皇を呪詛《じゅそ》したとして、子の他戸《おさべ》親王ともども幽閉されて亡くなるという奇怪な事件が起こった。かわって皇太子となったのが、藤原《ふじわら》式家《しきけ》の藤原百川《ももかわ》に擁立された山部《やまべ》親王、のちの桓武天皇である。

781年、ついに待望の皇位についた桓武天皇は、翌年、聖武天皇の娘のなかで最後に残った不破《ふわ》内親王と、その子氷上《ひかみの》川継《かわつぐ》を謀反の罪で捕らえ流罪にしてしまう。こうして井上と他戸、不破と氷上川継という2組の母子を抹殺することによって、桓武天皇の皇統が確立された。

784年（延暦3）

長岡京遷都
藤原種継暗殺事件に連座して弟・早良親王、怨霊と化す

即位したものの、桓武の即位を面白く思わない勢力の不穏な動きが続き、桓武は旧勢力の残る平城京を棄て、山背国長岡村《やましろのくにながおか》に都を移した。

ところがある夜、長岡京造営の責任者・藤原種継《たねつぐ》が殺害される。犯人を捕らえて厳しく追及したところ、中納言**大伴家持**《おおとものやかもち》が暗殺計画を進め、桓武の弟の皇太子・**早良親王**も事件に関与しているという。

早良親王は幽閉されるが、無実を叫んで食を断つこと十余日。淡路に移送される船中で没する。翌月、桓武天皇の長子、安殿《あて》親王（のちの平城《へいぜい》天皇）が皇太子に立てられた。

ところが早良親王の憤死後、桓武の身辺では不幸な出来事が続く。母や妻たちが相次いで没し、皇太子の安殿親王は不可解な病にかかる。陰陽師《おんみょうじ》に占わせたところ、早良親王のたたりと出た。長岡京の放棄が決定されたのは、怨霊が占いに出てまもなくのことであったという。

大原野《おおはらの》神社。長岡京遷都にともない、皇后藤原乙牟漏《おとむろ》が奈良の春日大社を勧請して建立したのが起源

794年（延暦13）

平安京へ遷都

わずか10年で長岡京に見切りをつけ

莫大な労力と資材を投入した長岡京ではあるが、種継暗殺や早良親王の怨霊で汚点がつき、洪水による被害も度重なった。いつしか桓武天皇は、もっと本格的な都をつくろうという意欲を抱くようになったらしい。大好きな狩りにかこつけて候補地を調べ、京都盆地に新京が造営されることになった。

桓武天皇が平安新京に移ったのは794年10月22日である。この日は辛酉《しんゆう》、陰陽道《おんみょうどう》でいう「革命」のときにあたる。桓武は詔《みことのり》を下し、この都を平安京と名づけている。

「此の国、山河襟帯《さんがきんたい》、自然に城を作《な》す。この形勝によりて新号を制すべし。よろしく山背《やましろ》国を改めて山城国となすべし。また子来《しらい》の民（高徳の主君のもとに喜び集まる民）、謳歌《おうか》の輩《やから》、異口同辞し、号して平安京といふ」

平安京は、飛鳥→藤原京→平城京→長岡京へと、北へ展開した京の終着点であった。もっとも、都の基礎が固まるまでにはもう少し時間を必要とし、嵯峨《さが》天皇の時代に定まる。

平安神宮の応天門。平安京・大内裏の正庁・朝堂院《ちょうどういん》にあった應天門を約8分の5に縮小して復元

810年（弘仁元）

薬子の変

またまた平城京へ還都か？

上皇を巻き込んだ政変劇「薬子《くすこ》の変」の薬子とは、長岡京造営の責任者で、暗殺された**種継の娘**である。藤原縄主《ただぬし》と結婚。長女が皇太子・安殿親王（平城天皇）の後宮に入ったのがきっかけで、母親薬子も安殿の寵愛を受けるようになる。

それを知った桓武は激怒して薬子を追放するが、桓武が没し平城天皇が即位すると、尚侍《ないしのかみ》（女官長）に返り咲いた。平城より7歳年上の蠱惑《こわく》的な女性であったらしい。

平城天皇は、もともと病弱であった。今でいう神経症のようなものだろうか。病気が悪化した平城天皇は、809年、弟の嵯峨《さが》に位を譲って、旧都平城京に移り住む。その後、平城上皇は「**平城京遷都令**」を出して嵯峨天皇と対決するが、結局敗れて上皇は落飾し、薬子は自殺。平城還都は幻と消えたのである。

桓武天皇と渡来氏族

◆百済系の母をもつ桓武天皇

桓武天皇の母、高野新笠《たかののにいがさ》は、渡来系氏族の出身である。

よく知られるように、桓武朝では多くの渡来系の人物が活躍した。最も有名なのは百済王氏《くだらのこにきし》である。

奈良朝で活躍した百済王敬福《きょうふく》の娘、百済王明信《みょうしん》は、桓武後宮の尚侍《ないしのかみ》として仕え、桓武の妻の一人だったらしい。百済王氏は白村江《はくそんこう》の戦いののちに日本に亡命した百済王の子孫で、祖先は華麗な王陵で知られる武寧王《ぶねいおう》である。

百済王氏の本拠地は、難波百済郡と河内交野《かたの》郡で、交野の地の北にひろがる乙訓《おとくに》郡長岡京への遷都は、この桓武の出自と無関係ではない。

◆都の造営に力のあった秦氏

一方、当時の「山背国」（京都府中部・南部）を拠点に活躍したのが新羅《しらぎ》系の秦《はた》氏である。5世紀以降、日本に渡来。鋳工《ちゅうこう》や木工などの技術者を擁して各種技術部門の主導権を握る一方、鉱山の開発や灌漑・土木などに力を発揮した。なかでも秦氏の記念すべき業績は、葛《かど》野《の》川（桂川）に大きなダムをつくり、流域を灌漑して水田農業を可能にしたことである。

莫大な資金と高度な土木技術を必要とする平安京造営は、この秦氏の力にあずかるところが大きかった。右京区にある太秦《うずまさ》の地名はそのなごり。太秦にある広隆寺《こうりゅうじ》には秦氏の族長秦河勝《はたのかわかつ》が聖徳太子から譲り受けたという「弥勒《みろく》菩薩半跏思惟像《ぼさつはんかしいぞう》」が残る。

怨霊うごめく王城を守る神社仏閣

平安京が、その名のとおり無事であるためには、今日でいう都市整備とは異なる仕掛けが必要とされた。それが、王城鎮護の寺社の創設である。天変地異は怨霊の仕業とされた時代だったのである。

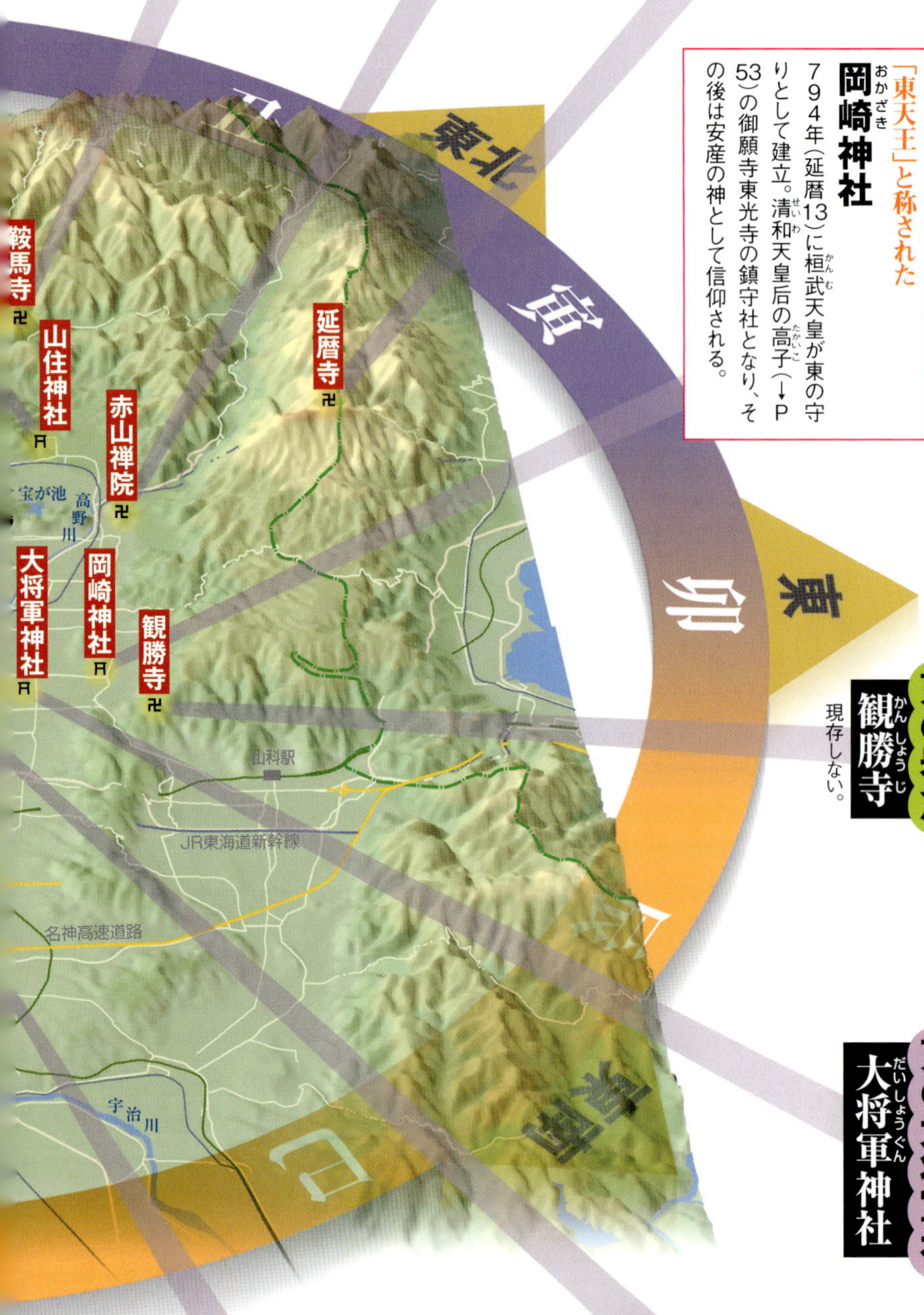

「東天王」と称された
岡崎《おかざき》神社
794年（延暦13）に桓武《かんむ》天皇が東の守りとして建立。清和《せいわ》天皇后の高子《たかいこ》（↓P53）の御願寺東光寺の鎮守社となり、その後は安産の神として信仰される。

最大の「鬼門」封じ
延暦寺《えんりゃくじ》
788年（延暦7）に最澄が開創。↓P22

「鬼門」封じのひとつ
赤山禅院《せきさんぜんいん》
888年（仁和4）に創建された延暦寺の別院。赤山大明神、陰陽道でいう「泰山府君《たいざんふくん》」をまつる。↓P20

北の守護神をまつる
鞍馬寺《くらまでら》
毘沙門天を本尊とし、770年（宝亀元）に建立された。↓P58

東の岩倉
観勝寺《かんしょうじ》
現存しない。

東の大将軍社
大将軍神社《だいしょうぐんじんじゃ》

南の岩倉
明王院不動寺《みょうおういんふどうじ》

南の大将軍社
藤森《ふじのもり》神社
現在は藤森神社内の摂社となっている。

北の岩倉
山住《やまずみ》神社

北の大将軍社
大将軍《だいしょうぐん》神社

やすらい祭で知られる
今宮《いまみや》神社
遷都以前からの疫神をまつる社を起源とする。
→P21

桓武天皇が配置した王城鎮護の礎

岩倉
古代から続く巨石信仰で、神が降臨する岩の意味がある。桓武天皇は都の鎮護のために4つの岩倉の下に「一切経《いっさいきょう》」を埋め、まつったという。

大将軍社
桓武天皇は陰陽道における西方の星で、方位の吉凶をつかさどる神・大将軍をまつるため、都の四方に将軍塚を築いたという。

西の大将軍社
大将軍八《だいしょうぐんはち》神社

西の岩倉
金蔵寺《こんぞうじ》

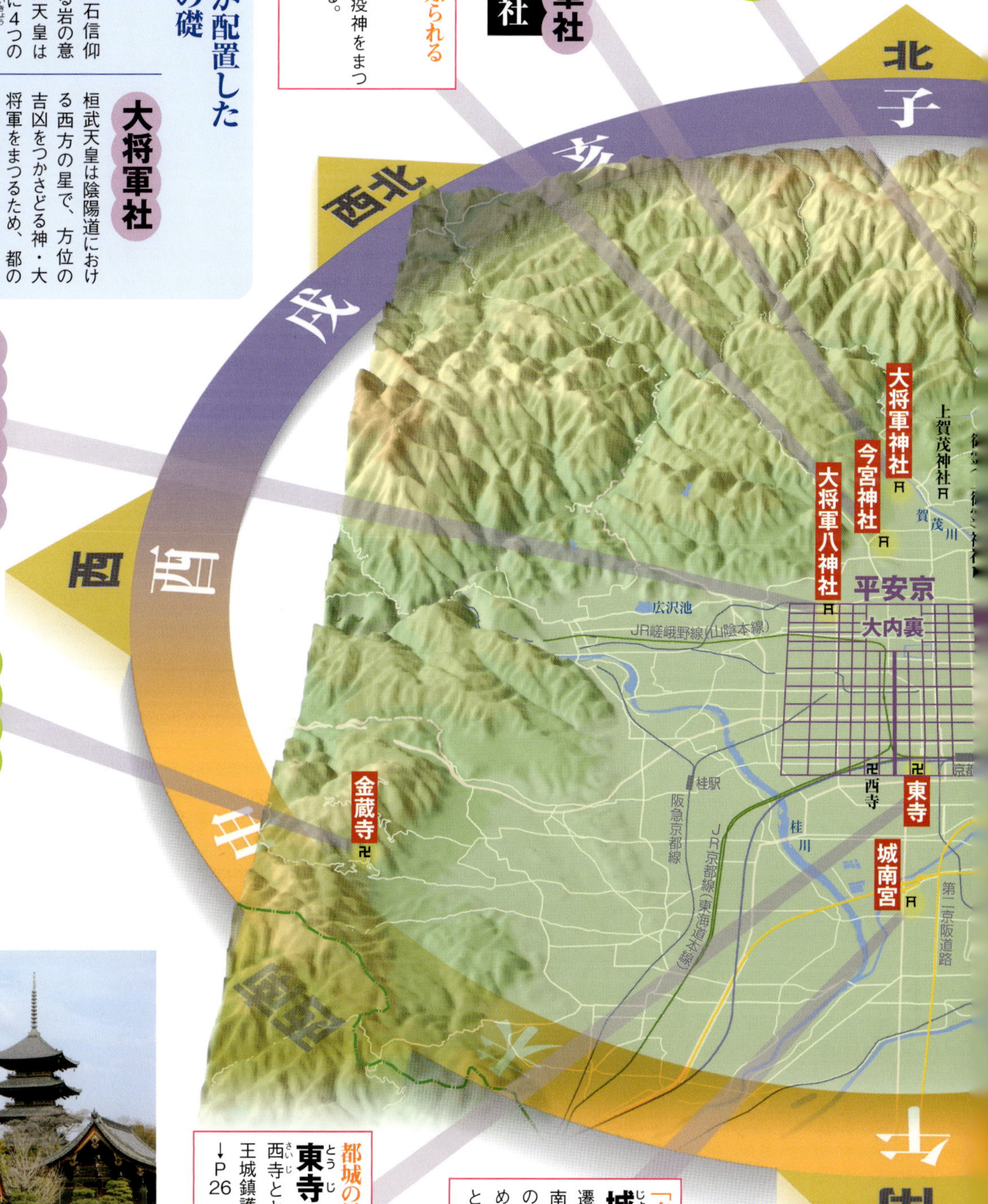

都城の最南端を守った
東寺《とうじ》
西寺《さいじ》とともに建立された王城鎮護の寺院。
→P26

「方除け」の大社
城南宮《じょうなんぐう》
遷都のころに都城の南、鴨《かも》川に臨む要衝の地に王城鎮護のための宮が置かれたことに由来する。

東寺

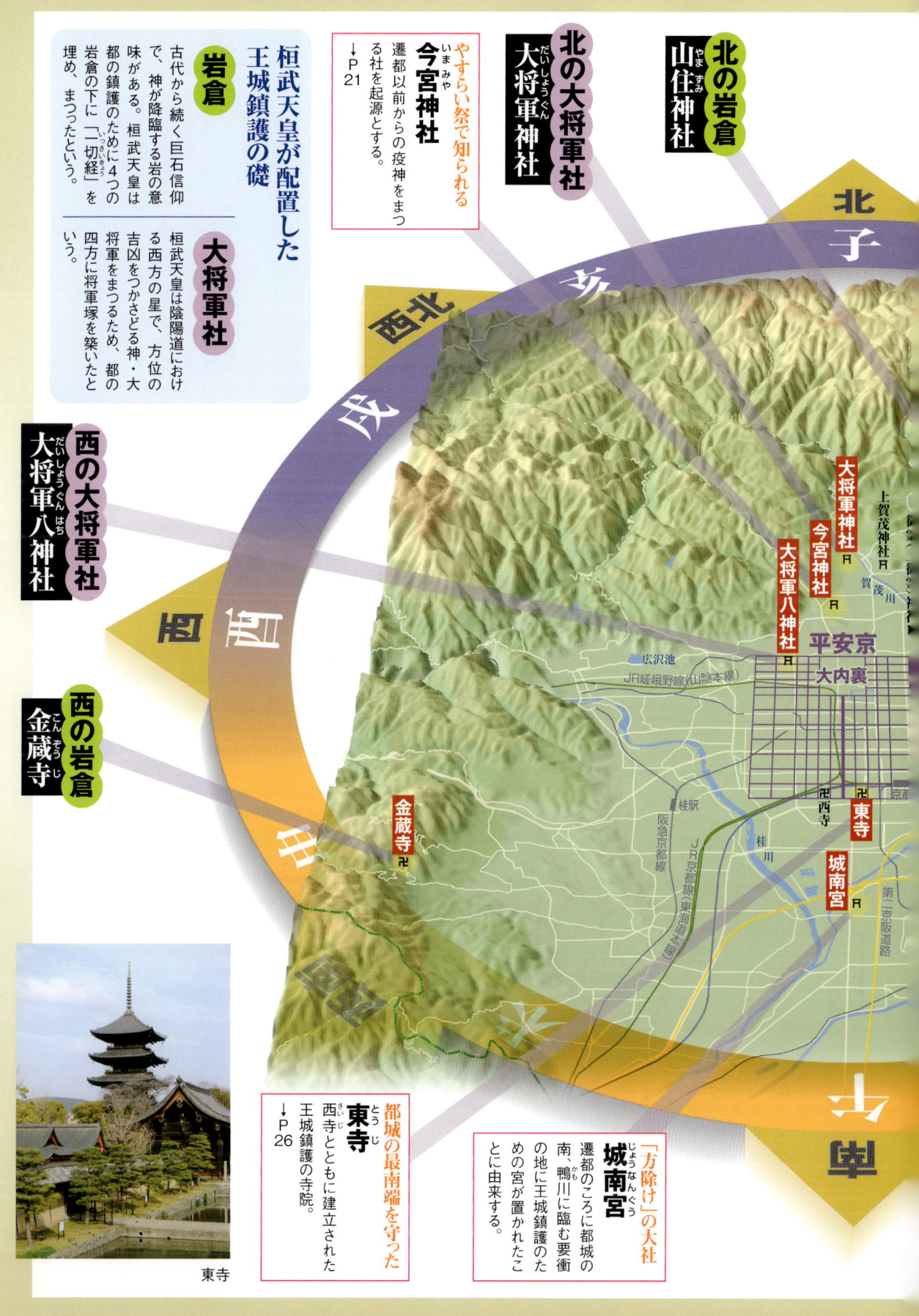

王城を守る神社仏閣

古来、原因不明の災厄は怨霊のたたりによるとされたが、それを鎮めるために様々な策が講じられた。なかでも、大規模な手段が遷都である。平安京もまた、怨霊から逃れるための新都として四《し》神相応《じんそうおう》の地に建てられ、多くの神社仏閣が、怨霊や疫神から都を守るために配されたのだった。

平安京守護のため、北東に連なった「鬼門」封じの社寺

桓武《かんむ》天皇は、平安京造営にあたって都城の整備を進めるとともに、まず「鬼門封じ《きもんふう》」を行なったという。

鬼門というのは、北東を指す。古来中国では、北東を陰陽が転化する方角と考え、鬼が出入りする「鬼門」とよんで恐れたのである。天皇が住まう内裏《だいり》から見て、はるか北東には比叡山《ひえいざん》がそびえている。最澄《さいちょう》が、のちに延暦寺《えんりゃくじ》を築くのは偶然ではなく、当時の人々は、比叡山そのものを鬼門封じの要とし、災いが生じると、ここで加持祈祷《かじきとう》がなされた。

都には様々な鬼門封じが仕掛けられている。その一例が「猿」。そもそも比叡山の鎮守社、日吉大社の神獣であるが、内裏の鬼門にあたる塀が「猿が辻」とされ、その外側に建つ幸《さいの》神社《かみのやしろ》、そして延暦寺別院である赤山《せきざん》禅院《ぜんいん》にも猿の彫刻が置かれて、都をより強固に守ったのである。

悪鬼退散を祈願し、4つずつ設置された 岩倉と大将軍社

都を悪鬼や怨霊から守る手だてのひとつに岩倉《いわくら》と大将軍社《だいしょうぐんしゃ》があった。

岩倉とは「磐座《いわくら》」であり、古代人の巨石信仰に由来している。桓武天皇は平安遷都以前から伝わった東西南北の岩倉の下に「一切経《いっさいきょう》」を埋めさせたと伝えられる。現在、北岩倉には、巨石群が往時の雰囲気を伝える山住《やまずみ》神社が立つ。南岩倉は、明王《みょうおう》院《いん》不動寺《ふどうじ》となり、西岩倉は金蔵寺《こんぞうじ》となっている。東岩倉とされた観勝寺《かんしょうじ》は早くに廃寺となったが、東山の大日《だいにち》山が東岩倉に擬《ぎ》せられている。

また大将軍は、西方の神、宵の明星のことで、方除けや疫病除けの神である。岩倉と同様に都の四方を守護するため、東西南北に配置したのだといわれている。

仏教の守護神も登場！ 毘沙門天も都を守護

鬼門封じの仕掛け、岩倉と大将軍社のみならず、桓武天皇は都の守護に、仏教の護法神《ごほうじん》の力もたのんだ。

左手をかざし都を見守る守護神、鞍馬寺の毘沙門天（多聞天《たもんてん》ともいう）

たとえば、洛北《らくほく》に位置する鞍馬《くらま》は魑魅魍魎《ちみもうりょう》の目撃談が多い魔界であった。この魔界を封じるために建立されたのが鞍馬寺である。都への侵入をはかる悪鬼を見張るように、毘沙門天《びしゃもんてん》が安置された。

そして平安京の南の入口、羅城門《らじょうもん》の楼上にも毘沙門天が置かれ、南の守りとした。羅城門の両側は東寺《とうじ》（教王《きょうおう》護国寺《ごこくじ》）と西寺《さいじ》で固めたが、現在、西寺と羅城門は失われて石碑のみが残っている。なお現在、羅城門にあった毘沙門天は、東寺に安置されている。

早良親王、井上内親王など
非業の死を遂げた人々が「御霊」の起源

地下鉄鞍馬口近くの住宅街に立つ上御霊神社。賀茂川を挟んで、「葵祭」（→Ｐ42）で有名な下鴨神社も程近くに鎮座する

平安時代、天変地異の多くは、熾《し》烈《れつ》な権力闘争のなかで、謀反《むほん》や天皇呪詛《じゅそ》の罪に問われた者の怨みと考えられていた。こうした人の霊は「御《ご》霊《りょう》」とよばれた。御霊から都を守護するため、そもそも内裏《だいり》の鬼門にあたる方角に勧請《かんじょう》したのが、上御霊《かみごりょう》神社だった。

まずまつられたのは、早《さわ》良《ら》親王（→Ｐ16）、井上《いのうえ》内親王（→Ｐ16）、他戸《おさべ》親王（→Ｐ16）、藤原吉子《きっし》ら天皇家に関係する四柱。その後祭神は増え、吉備真備《きびのまきび》、橘逸勢《たちばなのはやなり》、文室宮田麿《ふんやのみやたまろ》、菅原道真《すがわらのみちざね》（→Ｐ38）ら、政争に敗れ、怨みを抱いて亡くなった臣下の霊四柱も加えられた。

のちに下御霊《しもごりょう》神社も建てられた（合祀された祭神の一部は上御霊神社と重複する）。当初は上御霊神社の南にあったというが、豊臣秀吉の命で、現在の京都御所の南の地に移動している。

志を遂げずに亡くなった「御霊」をまつったのは平安時代だけではない。上御霊神社にほど近い白峯《しらみね》神宮。ここは保元《ほうげん》の乱（１１５６年）に敗れ、讃岐《さぬき》国に流されて同地で崩じた崇徳《すとく》上皇をまつる。建立を命じたのは明治天皇で、幕末まで王城の地だった京都には、怨霊を恐れる都びとの伝統が長く続いていたのである。

都びとは権力を強く願う一方で、それが達せられなかった人々の怨みの激しさへの恐れも、今日では想像できないほど強く抱いていた。

奇祭の起源は疫病除け
今宮神社

「やすらい祭」は毎年４月第２日曜に行なわれる

かつて、「祭」は、怨霊封じの重要な手段のひとつであった。

死者は河原に放置され、糞尿は街なかの辻に捨てられていた時代である。しばしば疫病が大流行したが、原因がよくわからないまま、台風や地震などと同様、都に災いをなす怨霊の仕業とされていたのである。

そうした疫病を鎮《しず》めるため、都の北、紫野《むらさきの》の地に建てられたのが今宮《いまみや》神社である。赤毛や黒毛の鬼を従えた行列が鉦《かね》や太鼓を打ち鳴らす「やすらい祭」は、春になると花の精にあおられて、あばれ回る疫神を鎮めようとする祭だといわれる。鞍馬寺の火祭、広隆寺《こうりゅうじ》の牛祭（現在休止中）と並び、京都三大奇祭のひとつに数えられる。

10世紀、古より紫野の地にまつられる疫神を鎮めるために行なわれた御霊会《ごりょうえ》がはじまりといわれている。

古寺を訪ねる

京の鬼門を守り、多くの名僧を送り出した 延暦寺《えんりゃくじ》

木々に囲まれた山中に建つ根本中堂

比叡山上に広がる多くの堂塔群

「南都《なんと》」と称された奈良興福寺《こうふくじ》に対して、「北嶺《ほくれい》」と畏敬された延暦寺。その名のとおり、京都市中の北、滋賀との府県境にまたがる比叡《ひえい》山中にある。西から西塔《さいとう》、東《とう》塔《どう》、やや離れて横川《よかわ》とよばれる、それぞれ独立した堂塔群が立ち、「3塔16谷」と総称される。比叡山一帯が延暦寺の境内といえる。

総本堂は東塔の根本中堂《こんぽんちゅうどう》である。東塔には、大講堂や戒壇院《かいだんいん》、文殊楼《もんじゅろう》など、延暦寺を代表する建築物が集まっている。

西塔には、延暦寺に現存する最古の堂宇《どうう》釈迦堂《しゃかどう》（転法輪堂《てんぽうりんどう》）を中心に、法華堂《ほっけどう》、常《じょう》行堂《ぎょうどう》、浄土院《じょうどいん》などの伽藍《がらん》が立ち並ぶ。

起源は最澄《さいちょう》（伝教大師《でんぎょうだいし》）が788年（延暦7）に開いた一乗止観院《いちじょうしかんいん》（比叡山寺）で、最澄入寂《にゅうじゃく》（822年）の翌年の823年（弘仁14）、嵯峨《さが》天皇より寺号を賜り、年号が寺号とされた最初の寺院となった。

織田信長の焼き討ちからの復興

延暦寺のある都の東北部は、陰陽道《おんみょうどう》でいう「鬼門《きもん》」である。このため、京都の諸所にある王城鎮護の寺院中、別格の重みをもち、朝廷や権力者との関係が深く、全山の頂点に立つ「座主《ざす》」は皇族もしくは摂関家から選ばれていた。一方、最澄以後、円仁《えんにん》や良源《りょうげん》など、天台宗総本山を代表する高僧を輩出するとともに、総合教育機関としての役割も担った。法然《ほうねん》、親鸞《しんらん》、栄西《えいさい》、道《どう》元《げん》、日蓮《にちれん》ら新たな日本仏教を切り開いた名僧たちは、いずれも延暦寺に学んでいる。

延暦寺のこうした特殊な地位は、膨大な荘園の寄進を受けることにつながり、権益を確保するための「僧兵」を生み出した。その力は、白河《しらかわ》法皇をして、思い通りにならないのは「鴨川の水、双六《すごろく》の賽《さい》、山法師《やまほうし》」と嘆かしめたという。その力を拒み、焼き討ちを命じたのが、戦国時代の織田信長だ。現在の伽藍は、豊臣家、徳川家の庇護《ひご》により再建されたものがほとんどである。

瑠璃堂《るりどう》 重文

信長の焼き討ちを逃れることができた唯一の遺構といわれる室町期の禅宗様式の建造物。本尊である薬師瑠璃光《やくしるりこう》如来《にょらい》が堂名の由来。

常行堂・法華堂 ともに重文

渡り廊下で結ばれているこの二つの堂は、「にない堂」ともよばれる。「四種三昧《ししゅざんまい》」とよばれる修行のうち、常行三昧《じょうぎょうざんまい》と法華三昧は、これらの堂でなされる。

根本中堂 国宝

開祖最澄が788年に建てた小堂が起源。東塔の本堂と、延暦寺一山の総本堂を兼ねる。本尊は薬師如来。現在の建物は1642年に竣工した堂々たる木造大建築である。

国宝殿

最澄による「天台法華宗年分縁起《てんだいほっけしゅうねんぶんえんぎ》」(国宝)の書をはじめ、塑像《そぞう》では千手《せんじゅ》観音立像《かんのんりゅうぞう》、絵画では文殊菩薩像《もんじゅぼさつぞう》、毘《び》沙門像《しゃもんぞう》など、多くの国宝・重文を見ることができる。

戒壇院 重文

戒壇院の建立は最澄の長年の悲願で、822年、最澄の死後7日目にようやく嵯峨天皇の勅命《ちょくめい》で建立が認められた。現存する建物は、1678年の再建。

大講堂 重文

僧たちの学問と修行の場。5年ごとに学僧による法華経研究の成果を披露する法華大会が催される。

比《ひ》叡《えい》山《ざん》延《えん》暦《りゃく》寺《じ》

【宗派】天台宗総本山
【創建】788年(延暦7)

◆アクセス 滋賀県大津市坂本本町4220 電話:077-578-0001

交通:滋賀側から→JR比叡山坂本駅、または京阪電車坂本比叡山口駅下車、バスまたは徒歩でケーブル坂本駅へ、ケーブルカーでケーブル延暦寺駅下車、徒歩10分で東塔。京都側から→叡電八瀬比叡山口駅下車、ケーブルとロープウェイを乗り継ぎ、比叡山頂駅下車、バス6分で東塔。

歴史探訪ガイド

延暦寺と里坊周辺

名僧を輩出した聖山と坂本の社寺をめぐる

歴史に名を残した数多くの名僧や高僧が修行した日本有数の名刹《めいさつ》、比叡山延暦寺。広大な山内にはいくつもの堂宇が立ち、開山から1200年を経た現在も、荘厳な雰囲気が保たれている。また、比叡山の東山麓、大津市坂本には、滋賀院など延暦寺ゆかりの社寺が点在している。

西塔の常行堂と法華堂（にない堂）

堂宇は深い樹林の中に

延暦寺の伽藍《がらん》は東塔、西塔、横川に大別され、その間を比叡山内シャトルバスが結んでいる。このルートは最奥にある横川までバスを利用し、復路を歩くという行程。

横川は奥比叡の山中にあり、本尊聖観音、毘沙門天《びしゃもんてん》、不動明王《ふどうみょうおう》像《ぞう》をまつる**横川中堂**《よかわちゅうどう》を中心とする。また堂の北東に立つ**元**《がん》**三大師堂**《さんだいしどう》や寺宝を収蔵する秘宝館も見ておきたい。

老杉に覆われた**西塔**には阿《あ》弥陀如来《みだにょらい》を本尊とする**常行堂**《じょうぎょうどう》と普賢菩薩《ふげんぼさつ》をまつる**法華堂**《ほっけどう》が立つ。渡り廊下で結ばれたこの二つの堂は、**にない堂**ともよばれる。周囲には聖徳太子ゆかりの伝説をもつ**椿堂**《つばきどう》、釈迦如来立像を本尊とする釈迦堂（転法輪堂）などが並ぶ。

東塔の中心、**根本中堂**《こんぽんちゅうどう》は延暦寺全体の総本堂。威容を具《そな》える建物の内部では、創建以来、「不滅の法燈《ほうとう》」が灯り続けているという。ここからバス停は近い。

里坊が点在する坂本へ

比叡山東麓の坂本は、古くから延暦寺の門前町として栄え、多くの里坊を擁する。ケーブルカーで比叡山から下り、ケーブル坂本駅を起点とするルートでめぐる。駅から道を南に取ると絢爛《けんらん》豪華な**日吉東照宮**《ひよしとうしょうぐう》が現れる。歩を東へ進め、権現馬場を過ぎたところを左折すると**滋賀院門跡**がある。落ち着いた趣の仏殿や書院が立ち並び、宸殿《しんでん》西の庭園は小堀遠《こぼりえん》州《しゅう》による作庭と伝えられている。

西へ引き返した少し先には、**旧白**《きゅうびゃく》**毫院**《ごういん》（現：芙蓉園《ふようえん》本館）がある。北には**日吉大社**の樹木が繁り、大宮川の渓流が流れる。全国山王神社の総本山で、国宝の東西両本殿をはじめ、見どころの多い社として知られる。

聖徳太子創建という**西教寺**《さいきょうじ》へは、ケーブル坂本駅から北へ約25分。伏見城から移築したという客殿は、狩野派が描いた極彩色の花鳥襖絵が美しい。また、趣が異なる四つの庭園や明智《あけち》一族の墓などもある。ここから旧白毫院まで引き返し、京阪坂本比叡山口駅がゴールである。

おすすめ探訪コース

所要時間 **約4時間**

※地図上の━ルート

- **横川バス停**
- 徒歩5分
- **横川中堂**
- 徒歩3分
- **元三大師堂**
- 徒歩60分
- **釈迦堂**
- 徒歩3分
- **常行堂・法華堂**
- 徒歩3分
- **椿堂**
- 徒歩25分
- **根本中堂**
- 徒歩3分
- **延暦寺バスセンター**

【アクセス】 **京都駅から**比叡山ドライブバスで65分、延暦寺バスセンター下車、シャトルバスに乗り換え15分、横川バス停下車。**延暦寺バスセンターから**比叡山ドライブバスで65分、京都駅下車。

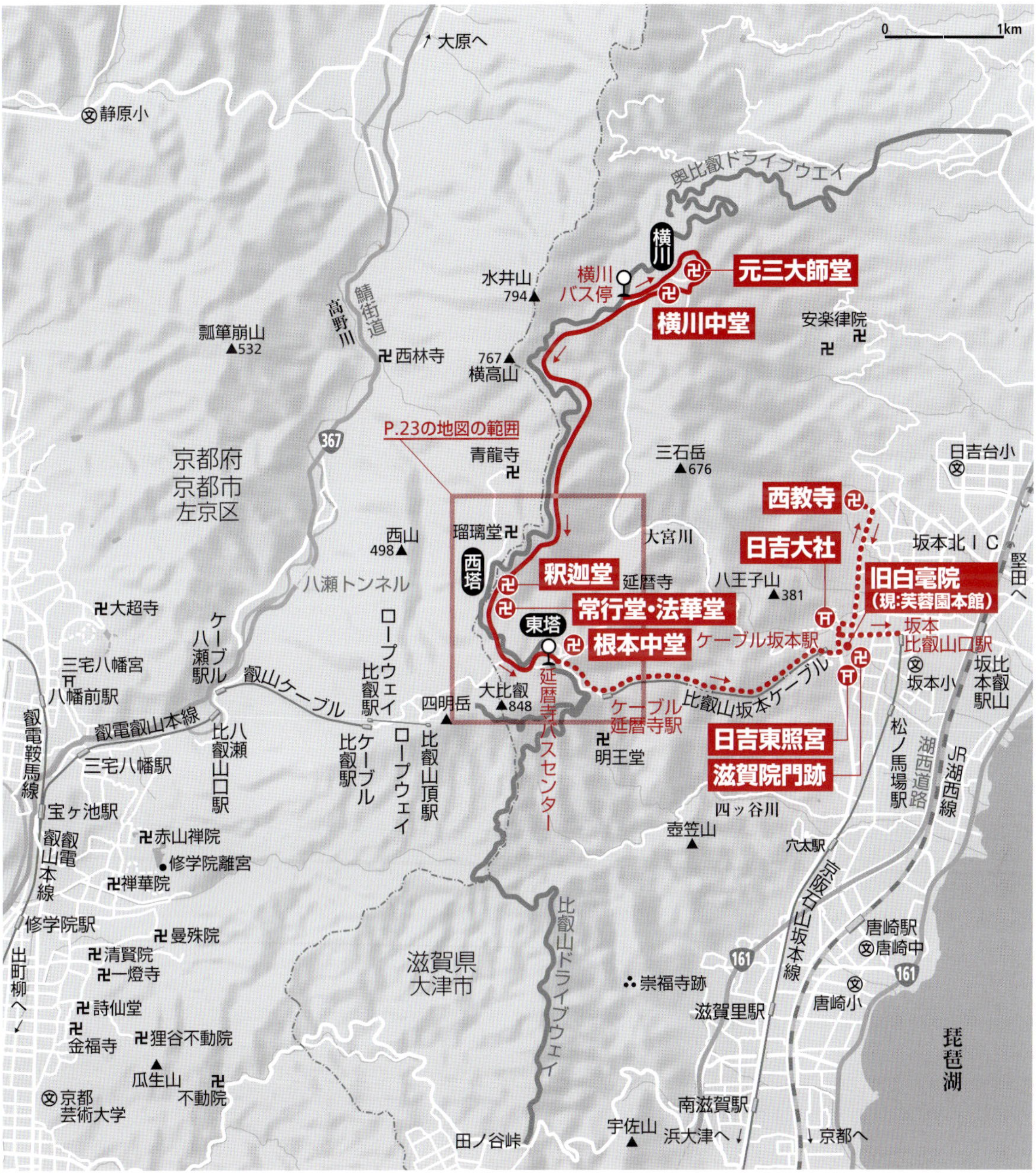

おすすめ探訪コース

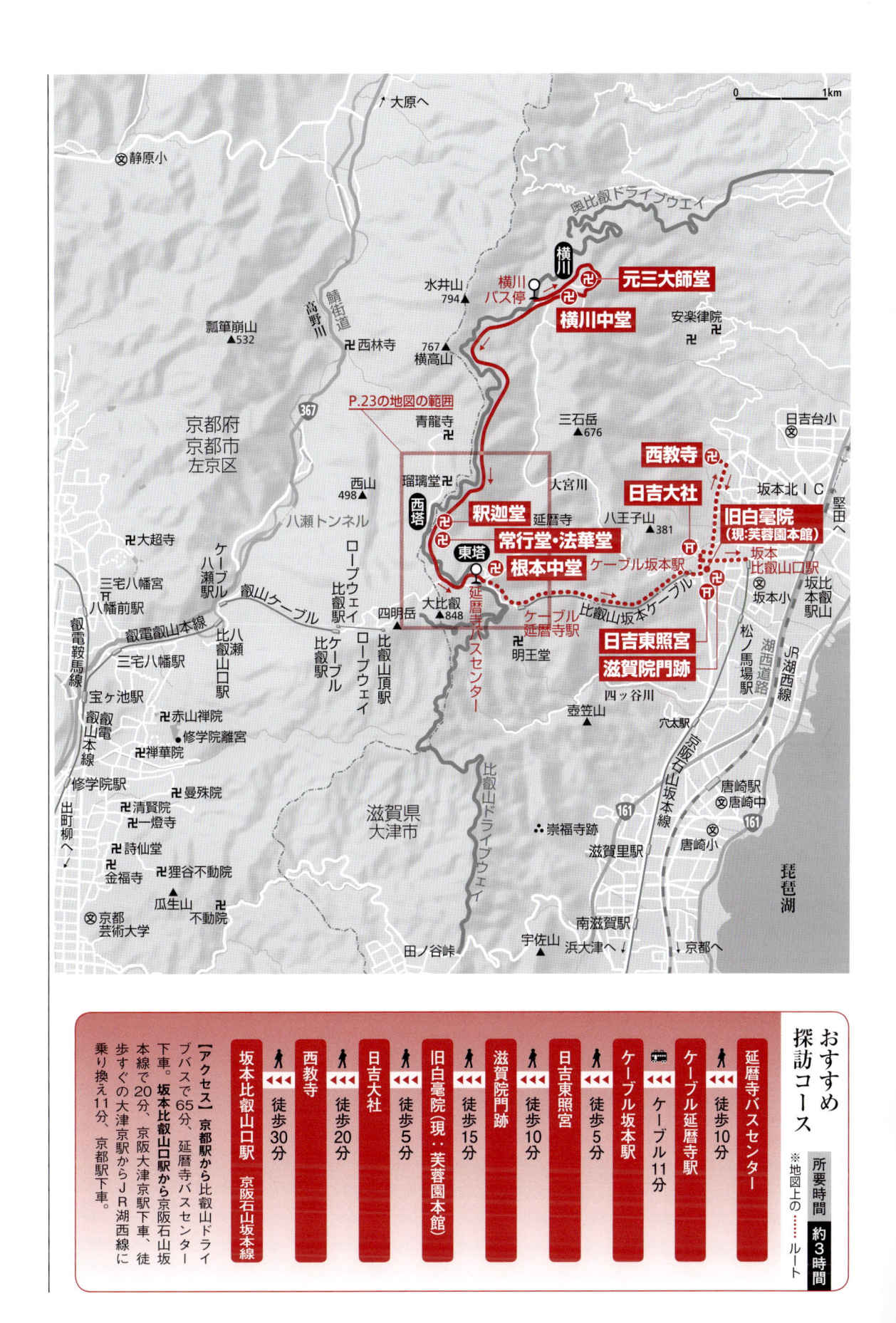

所要時間 約3時間

※地図上の……ルート

延暦寺バスセンター
↓ 徒歩10分
ケーブル延暦寺駅
↓ ケーブル11分
ケーブル坂本駅
↓ 徒歩5分
日吉東照宮
↓ 徒歩10分
滋賀院門跡
↓ 徒歩15分
旧白毫院（現：芙蓉園本館）
↓ 徒歩5分
日吉大社
↓ 徒歩20分
西教寺
↓ 徒歩30分
坂本比叡山口駅 京阪石山坂本線

【アクセス】 **京都駅から**比叡山ドライブバスで65分、延暦寺バスセンター下車。**坂本比叡山口駅から**京阪石山坂本線で20分、京阪大津京駅下車、徒歩すぐの大津京駅からJR湖西線に乗り換え11分、京都駅下車。

古寺を訪ねる

平安の昔も今も、京の都を守り続ける
東《とう》寺《じ》

高さ約55mの五重塔。現存する木造の塔では最も高い

始まりは王城鎮護を目的とする官設寺院

新幹線が京都駅に近づくと、五重塔が見えてくる。まず初めに「古都京都」を感じる瞬間だ。

おそらく平安の昔から、東寺の五重塔は、都を守るシンボルだったに違いないと、１２００年余の昔に思いを馳《は》せる人も多いだろう。

大内裏《だいだいり》からまっすぐのびた朱雀大路《すざくおおじ》の南端で、羅城門《らじょうもん》の東の地に建立されたことからわかるように、東寺はもともと、平安京建都とともに造営された王城鎮護の官寺なのである。

真言密教の根本道場「教王護国寺」として

平安京を築いた桓武《かんむ》天皇の第二皇子だった嵯峨《さが》天皇は、創建間もない新都に安定期をもたらした帝として知られている。

この嵯峨天皇により、中国の唐で真言密教を学んだ空海《くうかい》に、東寺は下賜された。遷都から30年、８２３年（弘仁《こうにん》14）のことである。

「教王護国寺《きょうおうごこくじ》」という正式名称を名乗るのは、空海が８２５年（天長《てんちょう》２）に修行の中心地となる講堂を建造した以後のことという。翌年に五重塔が建立され、８２８年には日本初の庶民の教育施設というべき、綜《しゅ》芸種智院《げいしゅちいん》が創建された。

空海は、先進の文明を誇る唐《とう》から帰国した当時最高の知識人であり、嵯峨天皇の信任も厚かった。かくして東寺は、遷都にまつわる一官設寺院から、空海が唐から持ち帰った「真言密教《しんごんみっきょう》」に基づく鎮護国家のための根本道場へと発展を遂げていった。

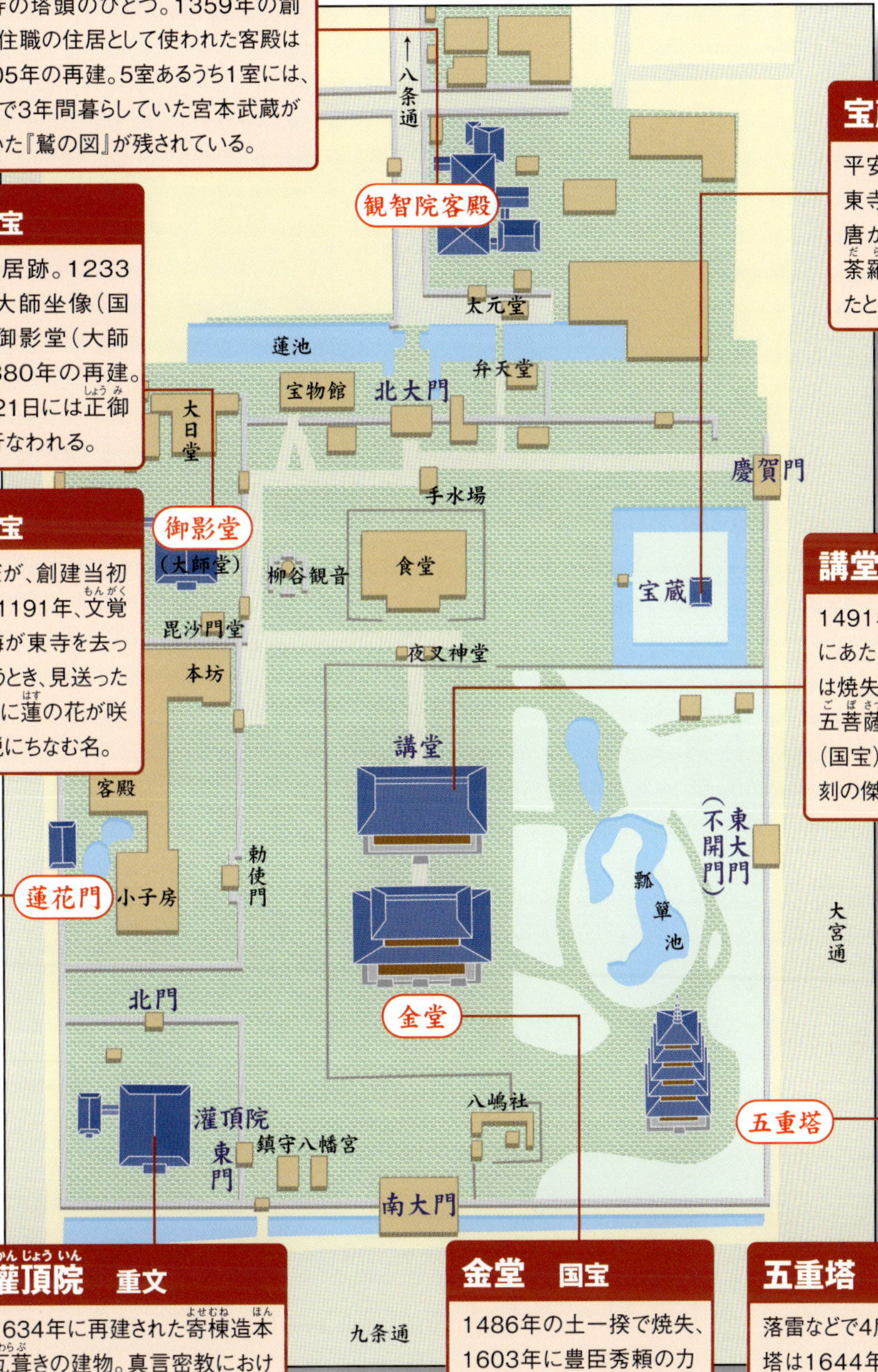

観智院客殿《かんちいんきゃくでん》　国宝

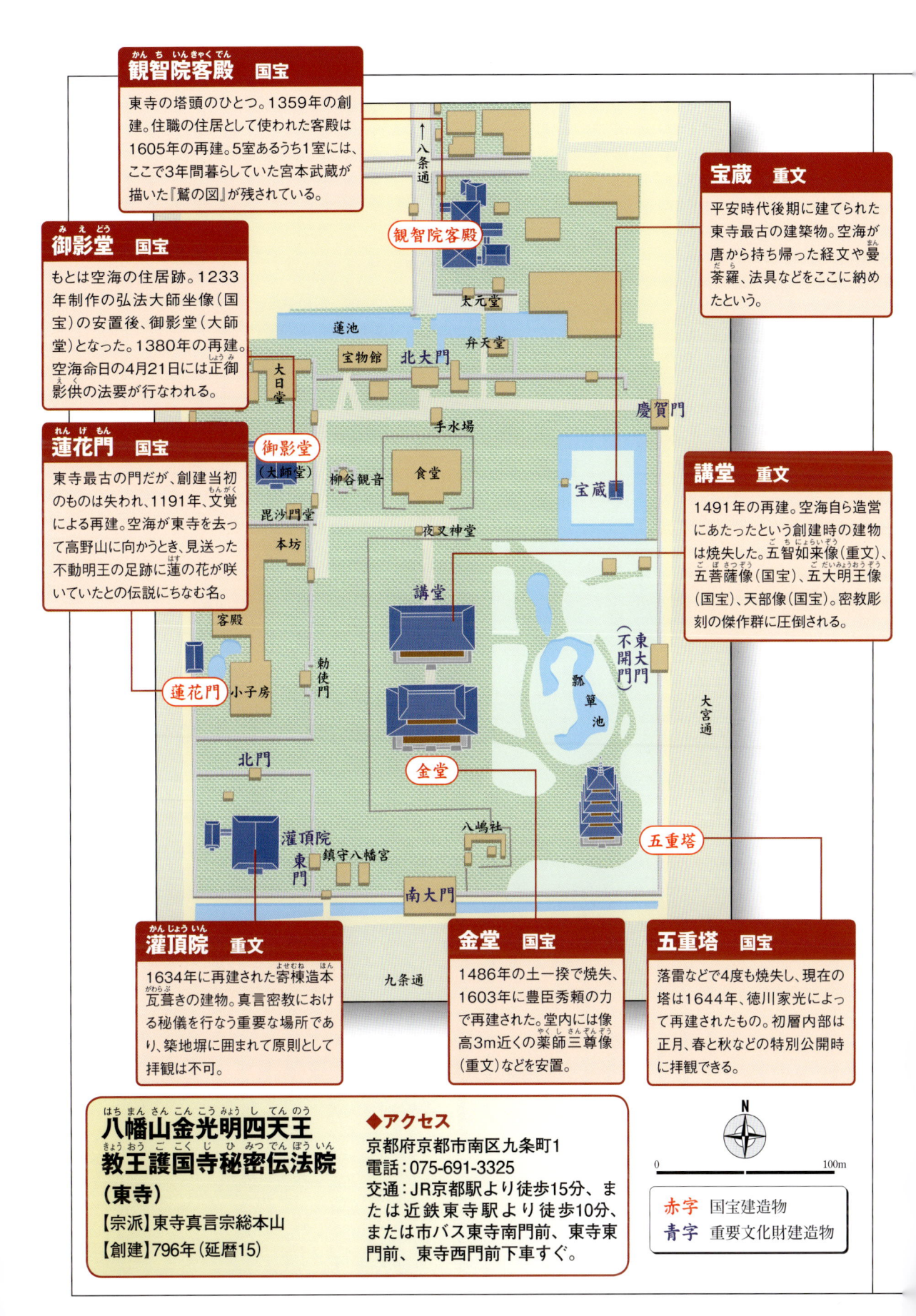

東寺の塔頭のひとつ。1359年の創建。住職の住居として使われた客殿は1605年の再建。5室あるうち1室には、ここで3年間暮らしていた宮本武蔵が描いた『鷲の図』が残されている。

御影堂《みえどう》　国宝

もとは空海の住居跡。1233年制作の弘法大師坐像(国宝)の安置後、御影堂(大師堂)となった。1380年の再建。空海命日の4月21日には正御《しょうみ》影供《えく》の法要が行なわれる。

蓮花門《れんげもん》　国宝

東寺最古の門だが、創建当初のものは失われ、1191年、文覚《もんがく》による再建。空海が東寺を去って高野山に向かうとき、見送った不動明王の足跡に蓮《はす》の花が咲いていたとの伝説にちなむ名。

宝蔵　重文

平安時代後期に建てられた東寺最古の建築物。空海が唐から持ち帰った経文や曼《まん》荼羅《だら》、法具などをここに納めたという。

講堂　重文

1491年の再建。空海自ら造営にあたったという創建時の建物は焼失した。五智如来像《ごちにょらいぞう》(重文)、五菩薩像《ごぼさつぞう》(国宝)、五大明王像《ごだいみょうおうぞう》(国宝)、天部像(国宝)。密教彫刻の傑作群に圧倒される。

灌頂院《かんじょういん》　重文

1634年に再建された寄棟《よせむね》造本《ほん》瓦葺《がわらぶ》きの建物。真言密教における秘儀を行なう重要な場所であり、築地塀に囲まれて原則として拝観は不可。

金堂　国宝

1486年の土一揆で焼失、1603年に豊臣秀頼の力で再建された。堂内には像高3m近くの薬師三尊像《やくしさんぞんぞう》(重文)などを安置。

五重塔　国宝

落雷などで4度も焼失し、現在の塔は1644年、徳川家光によって再建されたもの。初層内部は正月、春と秋などの特別公開時に拝観できる。

八幡山《はちまんさん》金光明《こんこうみょう》四天王《してんのう》教王護国寺《きょうおうごこくじ》秘密伝法院《ひみつでんぼういん》(東寺)

【宗派】東寺真言宗総本山

【創建】796年(延暦15)

◆アクセス

京都府京都市南区九条町1

電話：075-691-3325

交通：JR京都駅より徒歩15分、または近鉄東寺駅より徒歩10分、または市バス東寺南門前、東寺東門前、東寺西門前下車すぐ。

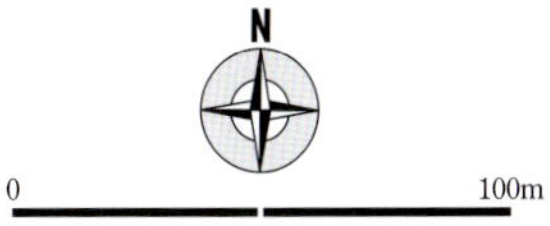

赤字　国宝建造物

青字　重要文化財建造物

「弘法さん」の名で親しまれる東寺の縁日、弘法市。弘法大師空海の命日にちなみ、毎月21日、東寺境内で開かれる。1月21日は「初弘法」、12月21日は「終《しま》い弘法」とよび、特ににぎわう

圧倒される密教美術の豊かさ、名品の数々

都を襲ったたびたびの戦火で、創建時の建物は残念ながら存在しない。しかし、奈良時代の建築様式を踏襲した伽藍《がらん》配置や規模は空海の在世当時と同じとされ、平安京の面影を色濃く残す寺院である。

また、東寺が真言密教の宝庫とよばれるのは、空海が唐から持ち帰った経典・仏具類のほか、仏像など国宝・重文指定の多数の名品がここに所蔵されているからだ。

寺の中核ともいうべき講堂に一歩足を踏み入れると、そこは美術・工芸の宝庫。堂内に配された諸仏が居並ぶ姿は壮観で、息をのむほどである。

全体の構成は、大日如来《だいにちにょらい》を中心に「五智如来」、金剛波羅蜜多菩薩《こんごうはらみったぼさつ》を中心に「五大菩薩」、不動明王《ふどうみょうおう》を中心に「五大明王」と、四天王などの「天部」からなり、宇宙と一体の究極の仏である大日如来を中心に如来、菩薩、明王、天の21の仏がすべて有機的な関係にあることを示しているという。まさに空海自らが体感した宇宙そのものをあらわす空間であり、その配置自体が曼荼《まんだ》羅《ら》をあらわしていることから「立体曼荼羅」とよばれている。

空海の命日にちなむ「弘法市」

深い洞察と、叡智《えいち》に満ちた空海の教えだが、一方で、超能力を思わせる霊験譚《れいげんたん》や伝説も数多く残されている。

東寺が、皇族や貴族らの寄進だけではなく、庶民の篤い信仰を集めるようになったのは、こうした「大師《だいし》信仰」が広まった平安時代末期から鎌倉時代にかけてのようだ。ちなみに、「弘法大師《こうぼうだいし》」のおくり名は、入定《にゅうじょう》した８３５年（承和《じょうわ》２）３月21日（旧暦）から86年後のことである。

現在も、空海の命日にちなむ毎月21日には、京の人々が親しみを込めて「弘法さん」とよぶ弘法市が開かれる。骨董、雑貨、古着などを扱う１０００軒を超える露店がにぎやかに軒《のき》を連ね、京都市内外から多くの人々が集う。こうした庶民性と、境内奥深くに今も伝わる真言密教の神秘的な教えとの共存が、東寺の魅力であろう。

平安仏教の二大巨星

理想に燃える求道者・最澄と空前絶後の大天才・空海

対照的な最澄と空海

天台宗《てんだいしゅう》の開祖最澄《さいちょう》と真言宗《しんごんしゅう》の開祖空海《くうかい》。同時に唐に渡り、当時の最新の仏教思想を日本にもたらした平安仏教の大指導者である。

しかしこの二人、生い立ちや活動はことごとく対照的であった。

まず、最澄が平安京に隣接する近江国《おうみのくに》滋《し》賀《が》郡《ごおり》の出身であるのに対し、空海は都から遠く離れた讃岐《さぬきの》国《くに》多《た》度郡《どのこおり》の生まれである。

最澄は12歳で近江の国分寺に入り、19歳のとき東大寺で受戒して正式の僧となった。当時のエリート僧といえるスタートを切った最澄だったが、奈良仏教の世俗化に対し批判を強め、比叡山での修行生活を始めた。やがてその名声が高まり、最澄は桓武天皇から信任を得ることとなった。

一方、空海は、儒学を学び、大学で官僚の道を目指すが、のちに大学を離れ、土佐《とさ》の室戸岬《むろとみさき》、吉野の金峰山《きんぶせん》などで修行。31歳で出家得度《とくど》している。

この二人は８０４年（延暦《えんりゃく》23）、藤原葛野麻呂《かどのまろ》を大使とする遣唐使に加わった。このとき、無事唐に着いたのは四隻のうち二隻だった。

唐に着くや最澄は、天台山国清《こくせい》寺《じ》に向かい、ここで天台の付法と大乗戒を受け、禅や密教を学ぶなど、さまざまな法門を伝授されて帰国した。

一方、長期留学生である空海は、長安《ちょうあん》の青竜寺《しょうりゅうじ》に恵果《けいか》を訪ねる。この恵果こそ、「大日経《だいにちきょう》」系の密教と「金剛頂経《こんごうちょうぎょう》」系の密教を一元化し、真言密教の基礎を築いた高僧であった。空海は恵果から密教の大法をことごとく授かり、恵果入滅後、20年の留学計画を2年で切り上げ多くの仏典と法具を携えて日本に帰ってきた。

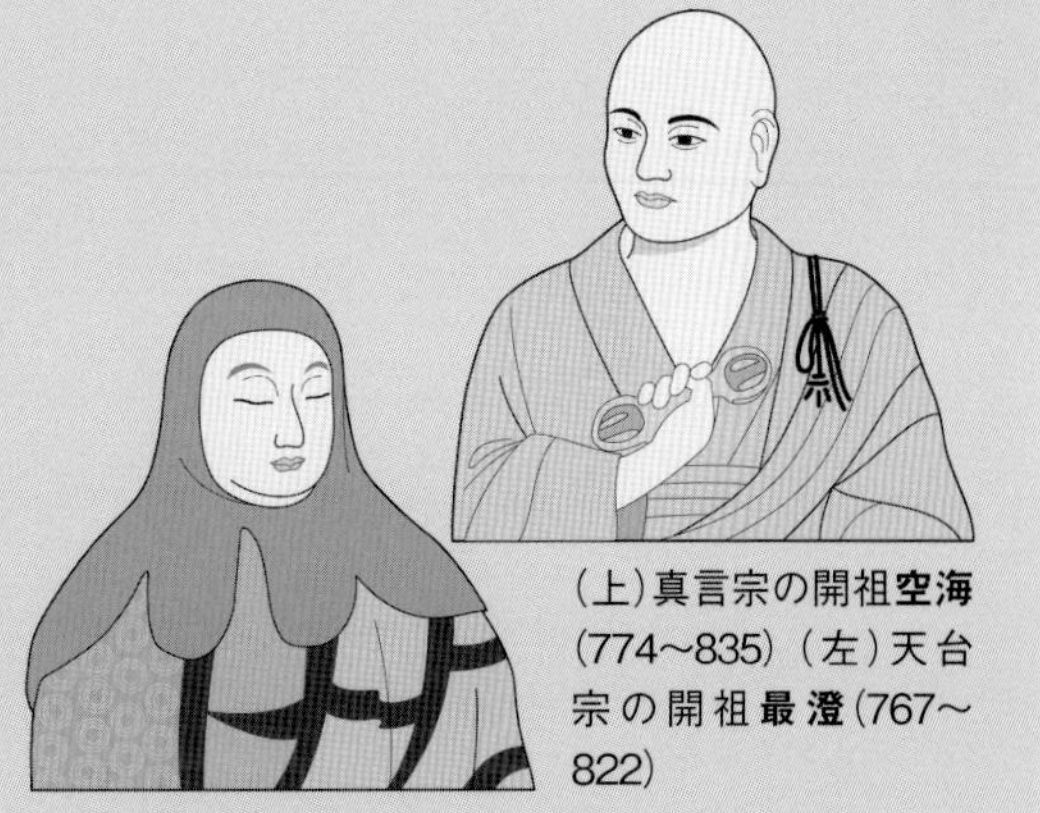
（上）真言宗の開祖**空海**（774〜835）（左）天台宗の開祖**最澄**（767〜822）

唐で学んだ二人は、帰国後、親しく往来するようになった。自らの密教修業が足りないと知った最澄が、空海に弟子入りしたのだ。しかし、最澄の弟子泰範《たいはん》が、空海から密教を学んだのち、最澄のもとに帰らなかったことが原因で、両者は離反したともいわれている。

借りものでない日本の仏教誕生

密教を広めて時流にのった空海に対し、最澄の晩年はあまり恵まれていない。最澄は『法華経』の教えであるすべての人は成仏できるとした「一乗説」や、大乗仏教の戒で出家できるとし、奈良仏教と対立した。最澄が比叡山で目ざしたのは法華円教と、大乗菩薩戒、密教、禅の「四宗融合」の教えだった。この思想を伝える比叡山が、法然《ほうねん》、親鸞《しんらん》、道元《どうげん》、日蓮《にちれん》らが鎌倉仏教を生み出す源泉となった。彼らは民衆に向けて布教し、まさに最澄が説いた大乗の教えを受け継いだのである。

一方、空海は、旧勢力南都仏教と協調的姿勢をとりつつ、真言密教を体系化する。とりわけ秘密の言葉（真言）を重視する難解で深遠なその思想は、都の皇族・貴族の心をとらえ、現世利益と即身成《そくしんじょう》仏《ぶつ》を説いたことと相まって、爆発的な流行をみた。空海の人柄も魅力的だったらしく、１０００年を超えた今日も、各地に空海（弘法大師）にまつわる伝承が数多く残るのはそのゆえだろう。

今日の日本の仏教の原点は、まさにこの二人にあるといっても過言ではない。

古寺を訪ねる

都を守る観音霊場 坂上田村麻呂が建立した 清《きよ》水《みず》寺《でら》

紅葉に覆い尽くされた「清水の舞台」

音羽《おとわ》の名水に由来する寺号

東山三十六峰とよばれる峰々のひとつ、音羽山。その山腹に、およそ30の堂塔《どうとう》伽藍《がらん》が甍《いらか》を連ね、そのうち国宝、重要文化財に指定された建造物は15棟を数える。京都でも屈指の名刹《めいさつ》である清水寺は、実は、蝦夷《えぞ》出征で名高い坂上《さかのうえの》田村麻呂《たむらまろ》と深いゆかりがある。

起源は8世紀にさかのぼる。夢のお告げを受けた奈良の僧延鎮《えんちん》上人が、音羽山麓《さんろく》に名水の源を見出し、観音菩薩《かんのんぼさつ》の霊力を授けてこの地に庵を結んだ。

数年後、鹿狩りで近くを訪れ延鎮上人と出会った田村麻呂は、名水の霊力を知り観音菩薩に深く帰依することになった。そこで、協力して仏堂を建立、観音像を安置したと伝えられる。名水にちなんで堂は清水寺と号し、平安遷都から10年後には、桓武《かんむ》天皇の御願寺とされた。

観音菩薩の加護によって軍功をあげた田村麻呂は都に凱旋《がいせん》し、天皇の信任を得て正《しょう》三位《さんみ》大納言《だいなごん》にまで出世した。平安王朝草創期の名臣の武勇譚《たん》と観音の霊験《れいげん》は広く喧伝《けんでん》され、清水は都を護る霊験あらたかな寺として大いに信仰を集めたのである。

都の四季を見渡す「舞台」の素晴らしさ

伽藍は幾度となく焼失を繰り返している。「清水の舞台」で知られる本堂（国宝）もふくめ、現在の建物の多くは徳川家光による再建である。舞台は、釘を1本も使っておらず、束柱《つかばしら》に貫《ぬき》を組んだ構造は見事だ。

舞台からは、四季折々の京都市街を一望できる。南の谷あいから「舞台」自身がソメイヨシノの花の海に浮かぶ春、錦繍《きんしゅう》の衣をまとう秋も絶景。ライトアップされた夜の舞台も、一度は見ておきたい。

本堂の東側、85段の石段を下ると、寺号の由来ともなった音羽の滝が流れている。柄《ひ》杓《しゃく》に汲《く》んで、六根清浄《ろっこんしょうじょう》、諸願成就《しょがんじょうじゅ》を祈る参詣客が、今もとぎれることはない。

仁《に》王《おう》門　重文

鎌倉様式の仁王像が安置されている寺の正門。正面に掛けられた扁額《へんがく》「清水寺」は平安中期の名筆家・藤原行成《ゆきなり》の手になると伝えられている。

北総門　重文

清水寺の塔頭《たっちゅう》、成就院《じょうじゅいん》の正門として建立。現在のものは1631〜39年の再建。この門の向こうに、成就院住職を務めた幕末の勤皇僧・月照《げっしょう》の歌碑と、志をともにした西郷隆盛《さいごうたかもり》の詩碑が立つ。

本堂　国宝

いわゆる「清水の舞台」。檜皮葺《ひわだぶ》き寄棟《よせむね》造の現在の建物は1633年の再建。本尊は十一面千手観音《じゅういちめんせんじゅかんのん》で、33年に一度だけ開扉される秘仏。本堂内々陣の厨子《ずし》（国宝）に安置されている。

奥の院　重文

清水寺開創に関わる延鎮上人らの旧草庵跡と伝えられる場所に立つ。1633年の再建で、檜皮葺き寄棟造り。本堂を縮小したような懸《かけ》造。

三重塔　重文

創建は9世紀だが、現在のものは1632年の再建。高さ約30m。1987年の解体修理の折に、丹塗《にぬ》り極彩色に復元された。初層内部には大日如来像《だいにちにょらいぞう》がまつられている。

開山堂　重文

田村堂ともよばれ、清水寺の創建に関わる坂上田村麻呂、開山の延鎮上人、さらに延鎮に清水寺の開創を命じたという行叡居士《ぎょうえいこじ》らの像を納め、まつっている。原則的に拝観はできない。

赤字　国宝建造物
青字　重要文化財建造物

音羽山清水寺《おとわさんきよみずでら》

【宗派】北法相宗大本山
【創建】778年（宝亀9）

◆アクセス

京都府京都市東山区清水1-294
電話：075-551-1234
交通：京阪清水五条駅から徒歩20分、JR京都駅から市バスで20分、五条坂下車、徒歩10分。

歴史探訪ガイド

清水寺周辺

平家ゆかりの古寺と観音信仰の霊場をめぐる

清水寺周辺は八坂《やさか》神社や三十三間《さんじゅうさんげん》堂《どう》など平安時代からの古社寺も残り、それらを結ぶ道沿いには石畳の道もあって京情緒を満喫できる。

後白河法皇と平家の遺構を歩く

京阪本線七条駅から東に向かうと、右手に見えてくるのが、後白河法皇《ごしらかわほうおう》が平清盛《たいらのきよもり》に命じて建立させた**三十三間堂**。1001体の千手観音像《せんじゅかんのんぞう》で知られる。本堂は鎌倉中期の再建だが、安置された千手観音のうち124体は創建当初のもの。東には豊臣秀吉の側室淀《よど》君《ぎみ》が建立した**養源院**《ようげんいん》、その南隣に後白河天皇陵が残る。

東大路通に出ると、すぐ向かいにはすぐれた障壁画を所蔵する**智**《ち》**積院**《しゃくいん》、その先の交差点北西には**京都国立博物館**が立つ。七条通を西に戻り、大和大路通《やまとおおじどおり》を北へ向かうと**豊国**《とよくに》**神社**と**方広寺**《ほうこうじ》。どちらも豊臣秀吉とゆかりが深く、特に方広寺には豊臣家滅亡の端緒となった「国家安康」の鐘が残る。

さらに北へ行き、五条通を越える。このあたりは平氏一族郎党の邸宅が軒《のき》を連ねた六波羅第《ろくはらてい》。すぐ先の**六波**《ろくは》**羅蜜寺**《らみつじ》境内には、それを示す石碑が立つ。寺は、口から阿弥陀仏《あみだぶつ》を出す空也上人像《くうやしょうにんぞう》と、僧形の伝平清盛《たいらのきよもり》坐像が名高い。五条通に戻って西へ向かえば京阪清水五条駅に到着する。

「赤門」ともよばれる清水寺の仁王門

観光客でにぎわう伝建地区へ

京阪本線清水五条駅を東へ向かい、五条坂を上る。清水坂と合流したところで右折すると正面に**清水寺**の仁《に》王《おう》門。寺を参拝して引き返し、七味《しちみ》唐辛子《とうがらし》の老舗《しにせ》・七味家手前の石段を下る。三年坂（産寧坂《さんねいざか》）とよばれる場所で、一帯はにぎやかななかにもしっとりと落ち着いた風情が漂う。

石段下をさらに直進すると二年坂に至るが、その手前で左折すれば**八坂の塔**（法観寺《ほうかんじ》）。二層まで登れば、東山一帯を眺望できる。八坂庚申堂《やさかこうしんどう》前を北へ向かい、石塀小路を抜ければ、北政所《きたのまんどころ》が秀吉の菩提《ぼだい》を弔った**高**《こう》**台寺**《だいじ》が立つ。伏見城から移築した茶室や霊屋の漆蒔絵《うるしまきえ》などで名高い。

突きあたりを左折し、すぐ右に折れると正面に**八坂神社**の南楼門がある。くぐると正面に舞殿、その背後に本殿が立つ。京都の夏を代表する祇園祭《ぎおんまつり》はこの社の祭事。本殿周囲には摂社・末社がずらりと並ぶ。

西楼門から西へのびるのが四条通で、直進すれば京阪本線祇園四条駅。途中左折して花見小路通を進むと、俵屋宗達《たわらやそうたつ》作の『風神雷神図屏風』で知られる**建仁寺**《けんにんじ》があるので、こちらにも足をのばしたい。

おすすめ探訪コース

所要時間 **約4時間**

※地図上の……ルート

- **七条駅　京阪本線**
- 徒歩8分
- **三十三間堂**
- 徒歩すぐ
- **養源院**
- 徒歩5分
- **智積院**
- 徒歩3分
- **京都国立博物館**
- 徒歩5分
- **豊国神社**
- 徒歩すぐ
- **方広寺**
- 徒歩10分
- **六波羅蜜寺**
- 徒歩10分
- **清水五条駅　京阪本線**

【アクセス】 **京都駅**から徒歩10分で京阪本線七条駅。**清水五条駅**から京阪本線で3分、東福寺駅下車、JR奈良線に乗り換え3分、京都駅下車。

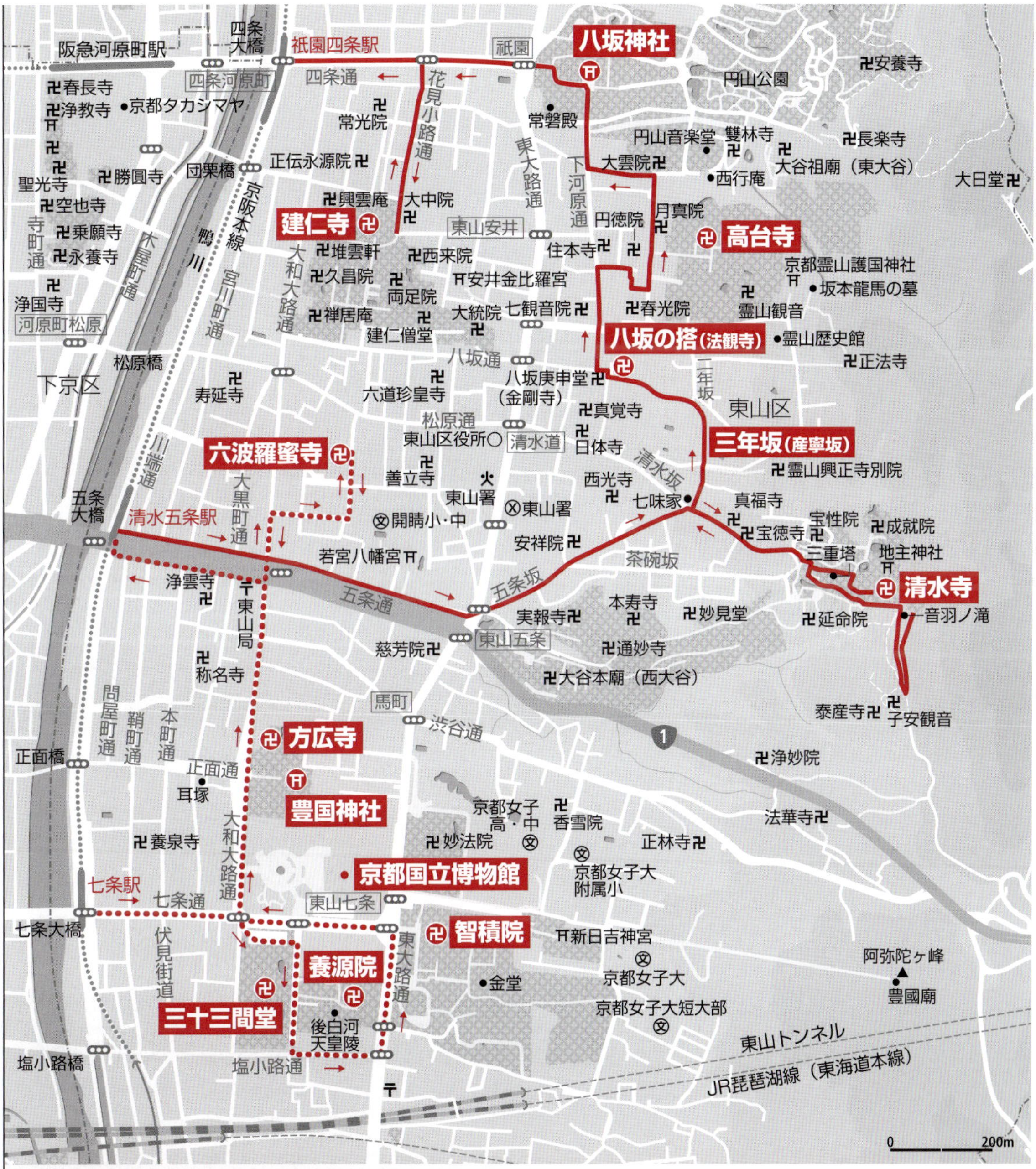

おすすめ探訪コース

所要時間 **約4.5時間**

※地図上の——ルート

清水五条駅 京阪本線
↓ 徒歩20分
清水寺
↓ 徒歩3分
三年坂
↓ 徒歩5分
八坂の塔（法観寺）
↓ 徒歩10分
高台寺
↓ 徒歩5分
八坂神社
↓ 徒歩10分
建仁寺
↓ 徒歩10分
祇園四条駅 京阪本線

【アクセス】 **京都駅**からJR奈良線で3分、東福寺駅下車、京阪本線に乗り換え3分、清水五条駅下車。**祇園四条駅**から京阪本線で5分、東福寺駅下車、JR奈良線に乗り換え3分、京都駅下車。

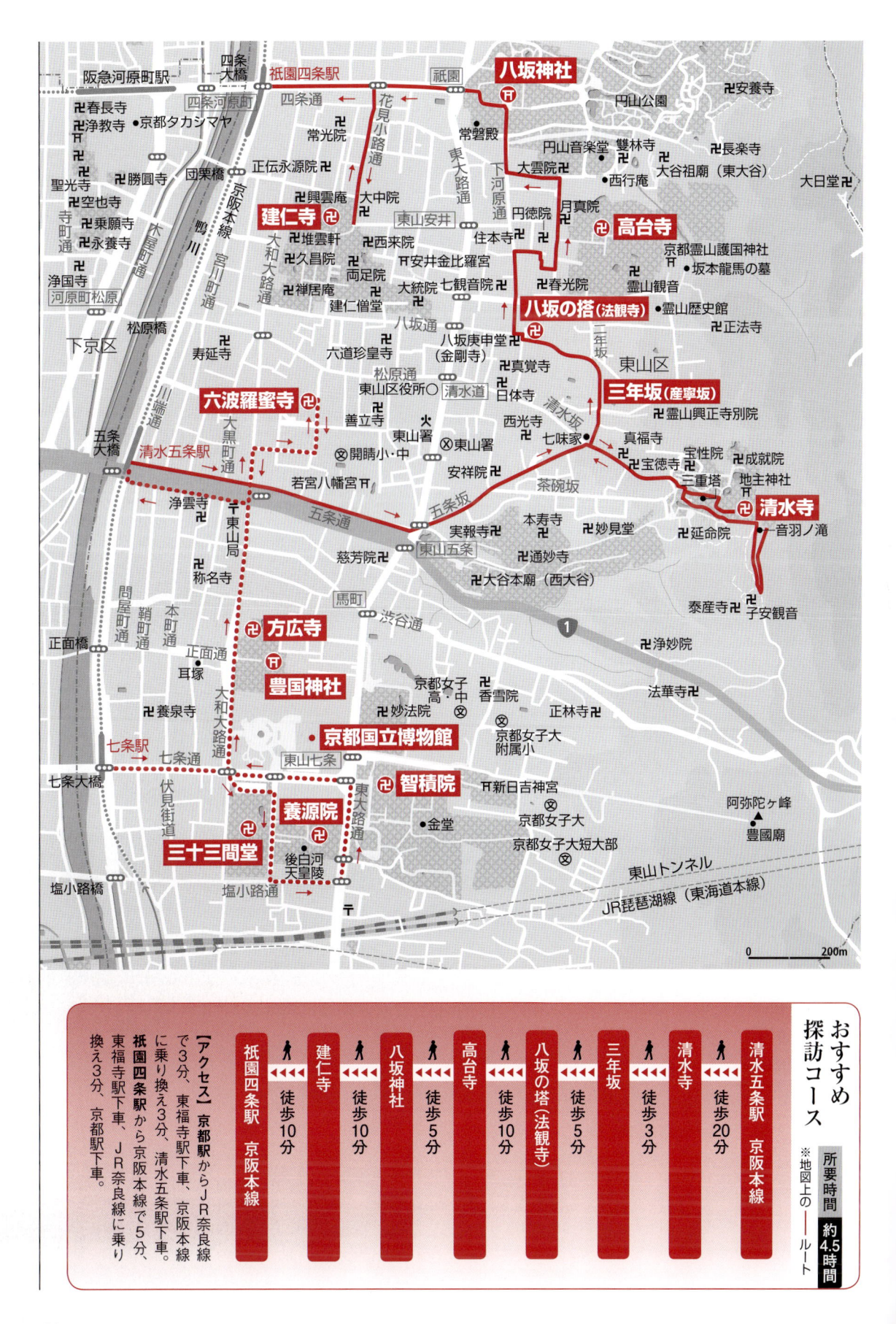

怨霊がうごめく都の闇を知る者

冥界の使者と陰陽師

陰陽師《おんみょうじ》とは朝廷に仕えた天文・暦学の専門家で、安倍晴明《あべのせいめい》が有名だ。華やかな王朝社会の裏には怨念が渦巻き、怨霊《おんりょう》を鎮《しず》める役割を陰陽師が担っていた。また、閻魔《えんま》大王に仕える閻魔王宮の役人といわれた、小野篁《おののたかむら》の逸話も残る。

権力者、道長の邸

土御門殿《つちみかどどの》

安倍晴明の活躍は**藤原道長**の全盛期と重なっており、道長に関する逸話も多い。→P65

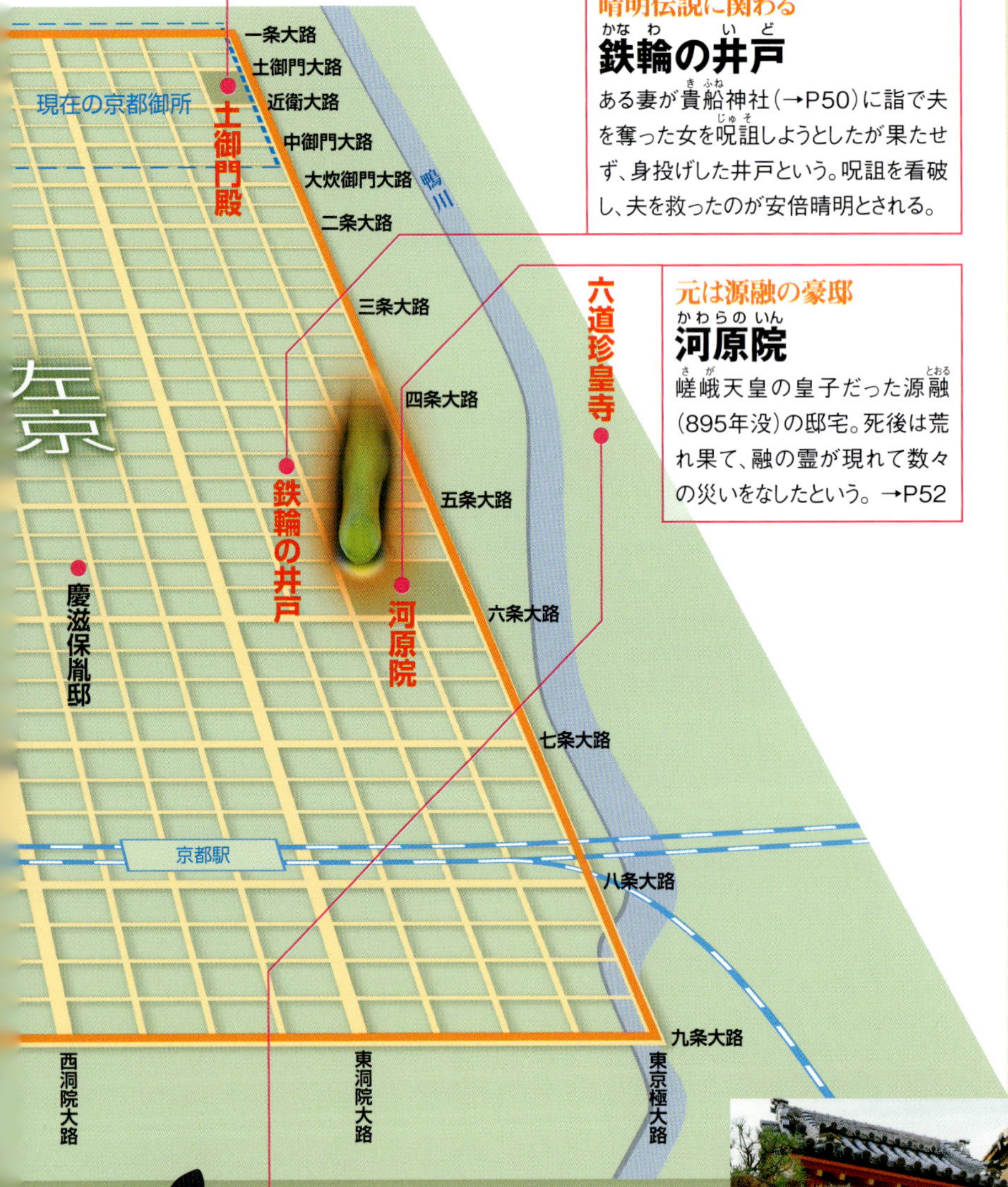

晴明伝説に関わる

鉄輪《かなわ》の井戸《いど》

ある妻が貴船《きふね》神社（→P50）に詣で夫を奪った女を呪詛《じゅそ》しようとしたが果たせず、身投げした井戸という。呪詛を看破し、夫を救ったのが安倍晴明とされる。

元は源融の豪邸

河原院《かわらのいん》

嵯峨《さが》天皇の皇子だった源融《とおる》（895年没）の邸宅。死後は荒れ果て、融の霊が現れて数々の災いをなしたという。→P52

現世とあの世の境界にある

六道珍皇寺《ろくどうちんのうじ》

境内に冥界との往還の井戸がある。詩歌に秀でた文化人だった**小野篁**（852年没）が、この井戸から冥界と現世を往来し、冥界の役人として無実の罪人を地獄から救ったりしていた、との伝説が残る。

六道珍皇寺

晴明神社

鬼女伝説で有名な

一條戻橋《いちじょうもどりばし》

酒呑童子《しゅてんどうじ》退治で有名な源頼光の郎党・渡辺綱《つな》（1025年没）が、美女に化けた鬼と出会う逸話で知られる。橋の下には、晴明が自分の意のままになる式神《しきがみ》を住まわせていたという。

安倍晴明が祭神

晴明神社《せいめいじんじゃ》

一条天皇の命で、没後2年目に**安倍晴明**をまつるために創建されたという。晴明邸跡ともいわれる。

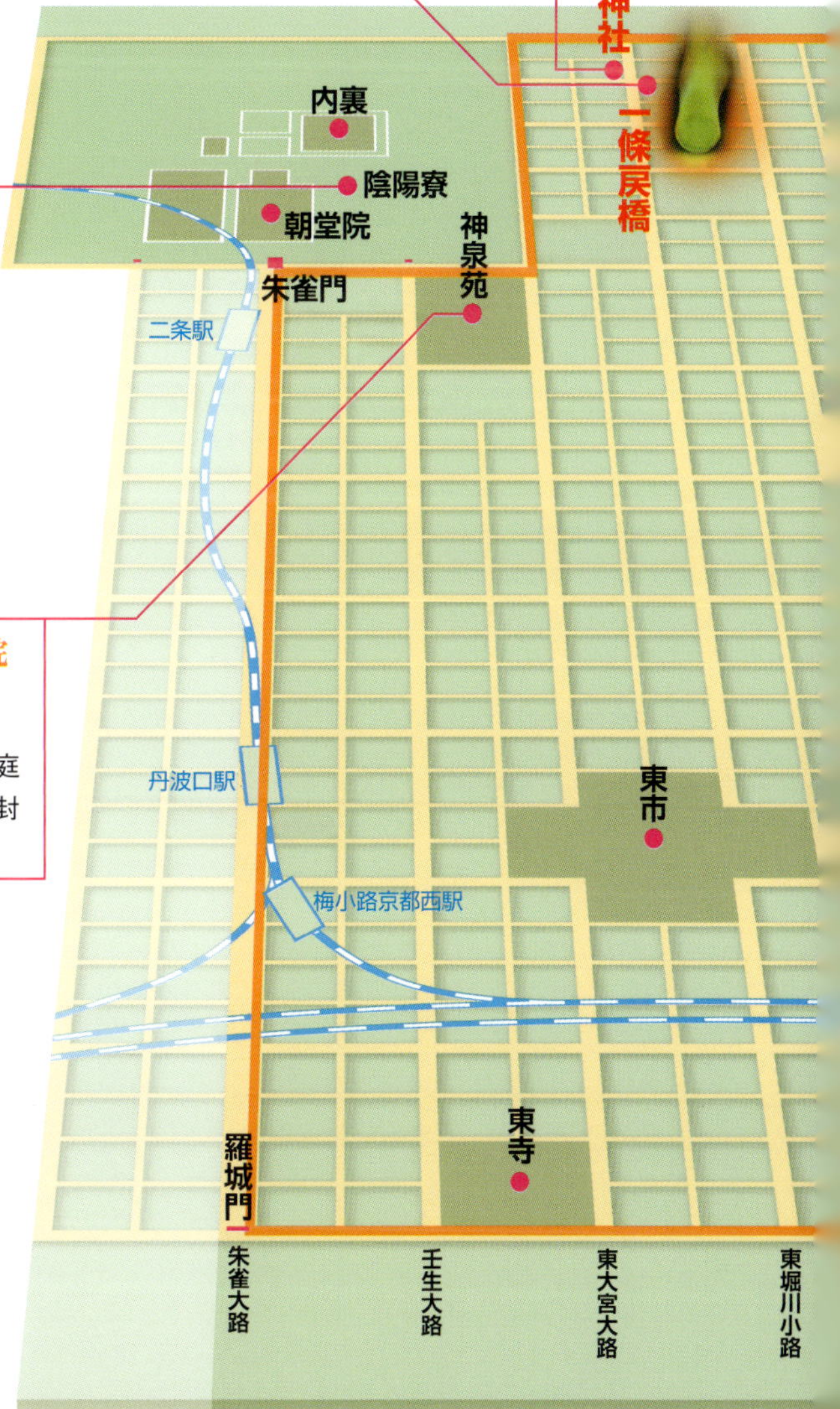

晴明の勤務先

陰陽寮《おんみょうりょう》

中務省《なかつかさしょう》に属する役所。

平安京造営にさかのぼる真言宗寺院

神泉苑《しんせんえん》

桓武《かんむ》天皇以来、歴代の天皇が行幸した大庭園。空海が雨乞いの修法をし、その後疫病封じの御霊会《ごりょうえ》（祇園祭の起源）も行なわれた。

神泉苑

随筆『池亭記』に記された平安京

陰陽師の家系に生まれながら学問の道に進んだ、慶滋《よししげの》保胤《やすたね》（1002年没）。安倍晴明と同時代人の彼が書いた『池亭記《ちていき》』によると、当時の平安京は左京の四条以北に人口が集中し、右京は過疎化し荒廃していたという。

都を「邪」から守る陰陽師
安倍晴明

厄鬼をはらう追儺《ついな》など、都を守るさまざまな儀式が行なわれた晴明の邸宅跡に立つ晴明神社（堀川通一条上ル晴明町）。なお、近年は、土御門大路《つちみかどおおじ》に面した一角、上長者町《かみちょうじゃまち》通西洞院《にしのとういん》東入ル土御門町付近を邸宅跡とする説も出ている。いずれも鬼出現で有名な場所である

陰陽道の護符である五芒《ごぼう》星《せい》。陰陽五行の循環（木・火・土・金・水）を象徴し、調和のとれた理想の状態をあらわしている。晴明桔梗《ききょう》ともいう。この形は、西洋ではペンタグラムとよばれ、やはり呪術的な意味をもつ

実在した陰陽師・安倍晴明

妖狐《ようこ》「葛《くず》の葉」の子としての出生。幼いころから鬼を見ることができ、長じては式神《しきがみ》を自在に使い、草の葉1枚で蛙《かえる》をつぶし、呪詛《じゅそ》の犯人をつきとめて呪《のろ》いをはね返す……。陰《おん》陽師《みょうじ》・安倍晴明《あべのせいめい》は多くの伝説に彩られている。だが、晴明はけっして架空の存在ではない。平安中期に実在した陰陽師である。

ただし、コミックの登場人物のような色白の美青年ではなく、陰陽寮の役人として地味な職務を果たす、老年の「一《いち》国家公務員」であった。そしてその住まいは、伝説の多い一條戻橋の近く。近年の晴明ブームで参拝客の絶えない晴明神社のあたりにあった。

都の鬼門にあたる丑寅《うしとら》（北東）の方角を防衛するために、比叡山《ひえいざん》には延暦寺《えんりゃくじ》が築かれ、その麓《ふもと》には陰陽道の神をまつる赤山禅院《せきざんぜんいん》がある。晴明の邸はこれらの壁を突破した「鬼」から大内裏《だいだいり》を守る最後の防衛線であった。

晴明の属する役所・陰陽寮は、内裏のすぐ南にあり、天皇に直結する中務省《なかつかさしょう》に設置されていた。吉凶を占い、邪《じゃ》を祓《はら》う陰陽師が、朝廷からいかに重要視されていたかわかる。

天皇・藤原氏に重用された理由

では、なぜ陰陽師がこれほど重用されたのだろうか？　それは、貴族たちが常に怨霊《おんりょう》におびやかされる存在だったからだ。栄華をきわめる者の陰には、不遇をかこつ者がいる。うらみのうちに世を去った者が怨霊と化すのは、この時代では当たり前の出来事だった。

だからこそ貴族たちは、自らの安泰と延命を願って占いによる吉凶を求め、儀式を行なわせた。かくして陰陽道はますます隆盛をきわめるようになっていったのである。

歴史に安倍晴明の名が登場するのは、40歳を過ぎてから。天文得業生《てんもんとくごうしょう》、つまり陰陽師の見習いとしてである。その後47歳で陰陽師、52歳で天文博士、師の賀茂保憲《かものやすのり》が没した57歳で陰陽寮の第一人者となった。

そして、花山《かざん》・一条《いちじょう》と二代の天皇から篤い

『三井寺縁起』（上巻）の冒頭に登場し、泰山府君祭《たいざんぶくんさい》を行なう安倍晴明（右端の人物）。泰山府君祭とは、病気の快癒や長寿を祈る祭祀で、祭壇をはさんで向かい側には疫病神が晴明と対峙している

信任を受け、一条天皇朝で実権を握った藤原道長《みちなが》にも重用されている。道長の後見を得た晩年が陰陽師・晴明の最盛期でもあった。

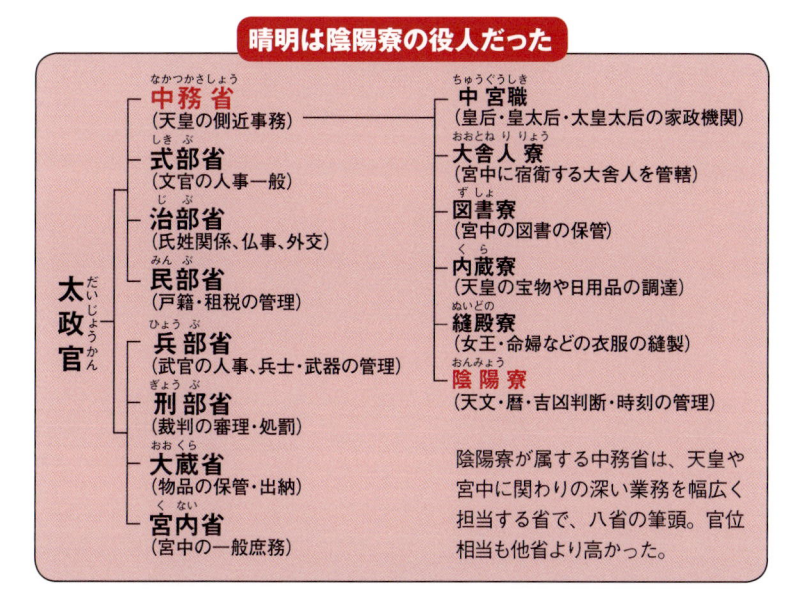

１００５年（寛弘《かんこう》２）、晴明は道長の娘彰《しょう》子《し》（一条天皇中宮）の健康と安泰のために「反閇《へんばい》」という呪術を行ない、その数か月後に亡くなった。85歳という当時としては十分な天寿を全うしたのである。

晴明は陰陽寮の役人だった

太政官《だいじょうかん》

- **中務省《なかつかさしょう》**（天皇の側近事務）
  - **中宮職《ちゅうぐうしき》**（皇后・皇太后・太皇太后の家政機関）
  - **大舎人寮《おおとねりりょう》**（宮中に宿衛する大舎人を管轄）
  - **図書寮《ずしょ》**（宮中の図書の保管）
  - **内蔵寮《くら》**（天皇の宝物や日用品の調達）
  - **縫殿寮《ぬいどの》**（女王・命婦などの衣服の縫製）
  - **陰陽寮《おんみょう》**（天文・暦・吉凶判断・時刻の管理）
- **式部省《しきぶ》**（文官の人事一般）
- **治部省《じぶ》**（氏姓関係、仏事、外交）
- **民部省《みんぶ》**（戸籍・租税の管理）
- **兵部省《ひょうぶ》**（武官の人事、兵士・武器の管理）
- **刑部省《ぎょうぶ》**（裁判の審理・処罰）
- **大蔵省《おおくら》**（物品の保管・出納）
- **宮内省《くない》**（宮中の一般庶務）

陰陽寮が属する中務省は、天皇や宮中に関わりの深い業務を幅広く担当する省で、八省の筆頭。官位相当も他省より高かった。

世々に「天神さま」と崇められた文化人

菅原道真

群を抜く能力で出世した道真

京都を歩くと、菅原道真《すがわらのみちざね》ゆかりの天満宮が多いことに気づかされる。現在学問の神様として名高い道真公だが、雷神＝天神としても信仰の篤い神である。

菅原家は、曽祖父の古人《ふるひと》、祖父の清公《きよきみ》、父の是善《これよし》と学問の世界で名をなした学者一家であった。845年（承和《じょうわ》12）に生まれた道真も11歳で詩作をするなど早くから才能を示し、22歳で文章得業生《もんじょうとくごうしょう》となる。以後も順調に昇進し、880年（元慶《がんぎょう》4）に父是善が没すると、父祖以来の私塾で学会の一大勢力であった菅家廊下《かんけろうか》を受け継ぎ、道真は宮廷文人社会の中心人物となっていった。

そして890年（寛平《かんぴょう》2）からは、当時勢力を誇っていた藤原氏の専権を抑えて、天皇中心の理想の政治を実現しようとする宇多《うだ》天皇の信任を得るようになる。

中傷によって暗転した後半生

887年（仁和《にんな》3）、宇多天皇から醍醐《だいご》天皇に御代が代わると右大臣にまで昇進。この抜擢は彼の能力の高さを示しているのだが、逆にこれが人の妬みをかった。

899年（昌泰《しょうたい》2）、左大臣となったのは藤原一族の若きホープ、28歳の藤原時平《ときひら》である。他氏を次々と排斥してきた藤原氏にとって道真は強力な対立者とみなされていた。そして901年（延喜元《えんぎ》）、時平は道真を讒訴《ざんそ》し、九州の大宰府《だざいふ》に左遷させる。

大宰府へ下向する日、道真は邸の庭の梅をながめて次の歌を詠んだ。

東風《こち》ふかば　匂ひおこせよ　梅の花
あるじなしとて　春をわするな

2年後の903年（延喜3）、病魔に侵された道真は望郷の念にかられながら没した。

菅原道真公をまつり全国天満宮の総本社である北野天満宮。創始は平安時代にさかのぼるが、現在の社殿は1607年（慶長《けいちょう》12）、豊臣秀頼《とよとみひでより》が再興し、国宝に指定されている

人々が信じた御霊信仰

道真の死後、都では奇妙な出来事が次々と起きた。908年（延喜8）、道真左遷事件で暗躍した藤原菅根《すがね》が突然死。翌年、怨敵の時平が39歳で不慮の死をとげる。さらに923年（延喜23）、醍醐天皇と皇后穏子《おんし》（時平の妹）の間に生まれた保明《やすあきら》親王が21歳でみまかり、その子慶頼王《よしよりおう》までもが疫病で死んでしまう。

日本には古来、不幸な死をとげた人の霊が怨霊となって禍《わざわい》をもたらすと信じられており、それをなだめる神をまつる「御霊信仰《ごりょうしんこう》」がある。平安時代以後は特に盛んで、これらの禍は不遇の死をとげた道真の霊が引き起こしているといわれるようになった。

Image : TNM Image Archives

『北野天神縁起絵巻』（東京国立博物館蔵）には、菅原道真の生涯と死後に起こったさまざまな災いが道真の不遇の死と関連付けられ、天神信仰が生まれていく様子が描かれている。これは930年内裏清涼殿を直撃し、多くの死傷者を出した落雷の場面

人々を震え上がらせた清涼殿炎上

そして930年（延長《えんちょう》8）平安京を揺るがす大災厄が起こった。天皇の住まいとなっている清涼殿《せいりょうでん》を雷が直撃し、御所が炎上したのである。

その日の昼過ぎ、愛宕山《あたごやま》の方角からにわかに黒雲が巻き起こり、御所を隠すように覆いつくした。とたんに激しく稲光が走り、雷鳴がとどろき、公卿たちは恐怖のあまりあわてふためき、ひれ伏したという。稲妻は清涼殿の上から突き刺さるように落ち、やがて勢いよく炎が上がった。

この雷で、大納言藤原清貫《きよつら》は胸を焼かれ、平希世《たいらのまれよ》は顔を焼かれてともに絶命。同じころ、紫宸殿《ししんでん》にも落雷があり、美努忠包《みののただかね》、紀蔭《きのかげ》連《つら》、安曇宗仁《あずみのむねひと》らも焼け死んだという。ショックで醍醐天皇は病に倒れ、朱雀《すざく》天皇に皇位を譲ると、一週間後に亡くなった。

北野を発祥に広がった天満宮

一連の出来事は道真の無念が引き起こしたと考えられた。そこで道真の霊を鎮めるために、朝廷は道真の罪を取り消し、大臣に復位させた。

さらに、道真の没後半世紀ほど経った947年（天暦元）、多治比文子《たじひのあやこ》という女性の前に道真の霊があらわれ、自分がかつて遊んだ思い出の地、右近馬場《うこんのばば》に祠《ほこら》を築くように告げたという。文子はとりあえず瑞垣《みずがき》をつくって道真の霊をなぐさめた。これが北野天満宮創建につながったといわれる。そして993年（正暦《しょうりゃく》4）、朝廷は道真に正一位・太政大臣という最高の官位を贈った。道真の没後90年目のことであった。

そして時代は下って室町時代。道真の学問に対する偉大な事績が浸透するにつれ、文学・詩歌・書道・芸能の神としてあがめられ、北野天満宮社前には文人墨客が集い、連歌の中心地となった。有名な秀吉の北野大茶《きたのおおちゃの》湯《ゆ》もここで催されている。

江戸時代、全国に庶民の教育機関として寺子屋が設立されるようになると、学問の象徴として道真の神霊が北野より分祀《ぶんし》され、全国にまつった。これがのちには学問の神として、日本中の天満宮でまつられることの起源となってゆくのである。

「くわばら」の由来

都に雷が落ちた際に、なぜか菅原家所領の地、桑原には一度も落ちなかったと伝えられる。落雷よけの呪文「くわばら、くわばら」は、この故事に由来している。

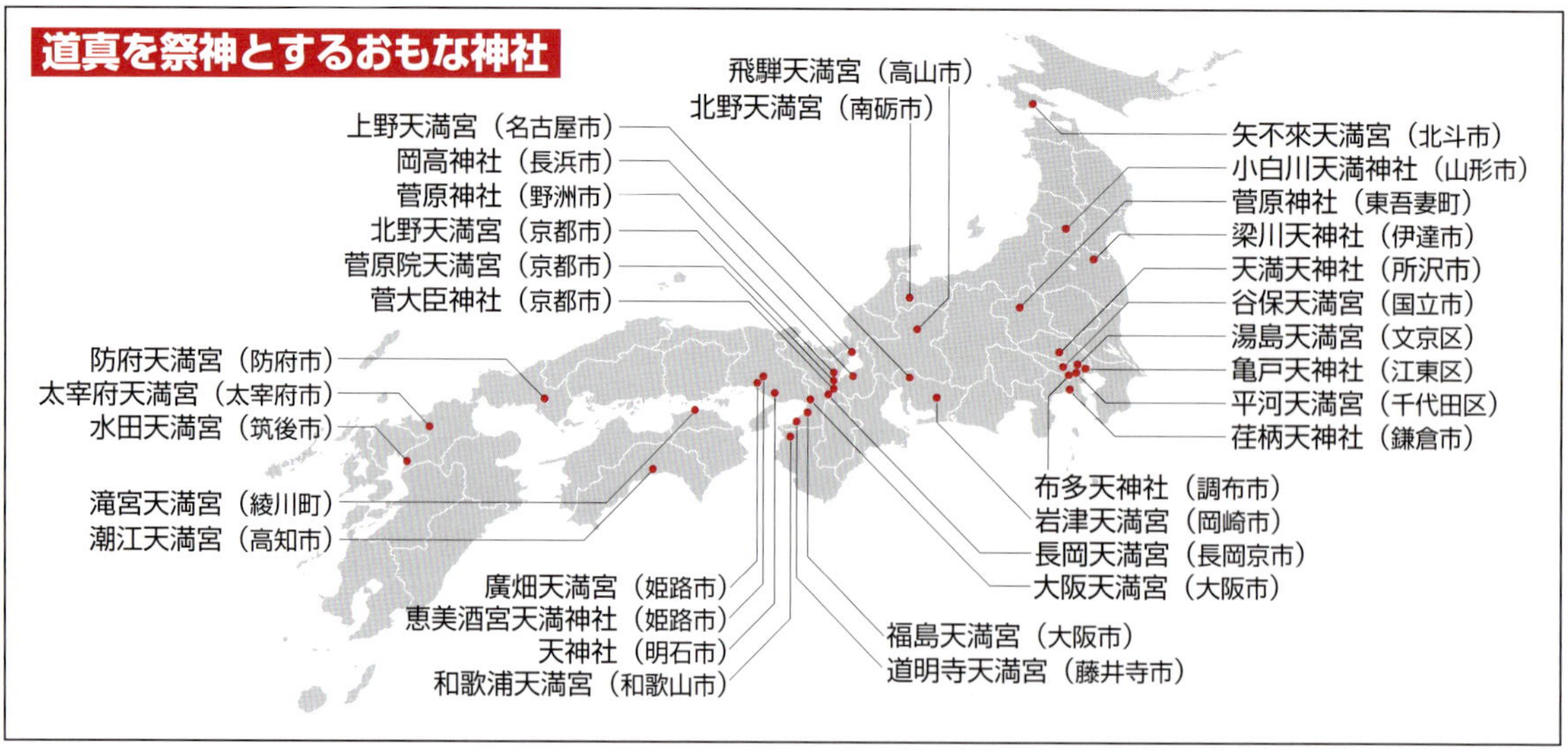

北野天満宮周辺をめぐる
崇められる菅原道真と安倍晴明ゆかりの地

京都市内には、菅原道真《すがわらのみちざね》を祭神とする神社が点在する。このコースでは北野天満宮を起点に南へ向かうが、西に向かえば等持院《とうじいん》、龍安寺《りょうあんじ》を経て宇多《うだ》天皇ゆかりの仁和寺《にんなじ》に至るので、こちらへも足をのばしたい。

天満宮から晴明神社へ

衣笠校前バス停を北へ向かうと**平野神社**。東を流れる紙屋川《かみやがわ》を渡って、**北野天満宮**に出る。拝観したら境内を東に抜け、門前町、上七軒へ。通り沿いにはお茶屋が軒を連ねている。

交差点に出たら北へのびる細辻を進み、**大報恩寺**《だいほうおんじ》（千本釈迦堂《せんぼんしゃかどう》）へ。境内のおかめ像に一礼、さらに北の上立売通を東へ。この先にある岩上神社は藤原時平《ときひら》の屋敷跡ともいわれ、天満宮参詣の折にはこの道を避けたという。今出川通に戻り、東の堀川通を右折すると**晴明**《せいめい》**神社**が立つ。

道真ゆかりの小社をめぐる

神社の南、**一條戻橋**を渡って東へ歩を進めると、ほどなく京都御苑《ぎょえん》。手前を南に進むと道真生誕の地と伝わる**菅原院天満宮**が立つ。拝観後は烏丸通《からすまどおり》を南へ。四条通《しじょうどおり》で右折し、その先の西洞院通《にしのとういんどおり》を南に進むと、仏光《ぶっこう》寺通《じどおり》と交差する。この道を東に入ると、すぐ菅家邸址《かんけていあと》の碑が立ち、北側には**紅梅殿**《こうばいでん》（北菅大臣神社）、南には**菅大臣神社**《かんだいじん》がある。どちらも小さな社だが、道真が太宰府へ左遷されるまで暮らした場所だとされる。この東、地下鉄四条駅がゴールである。

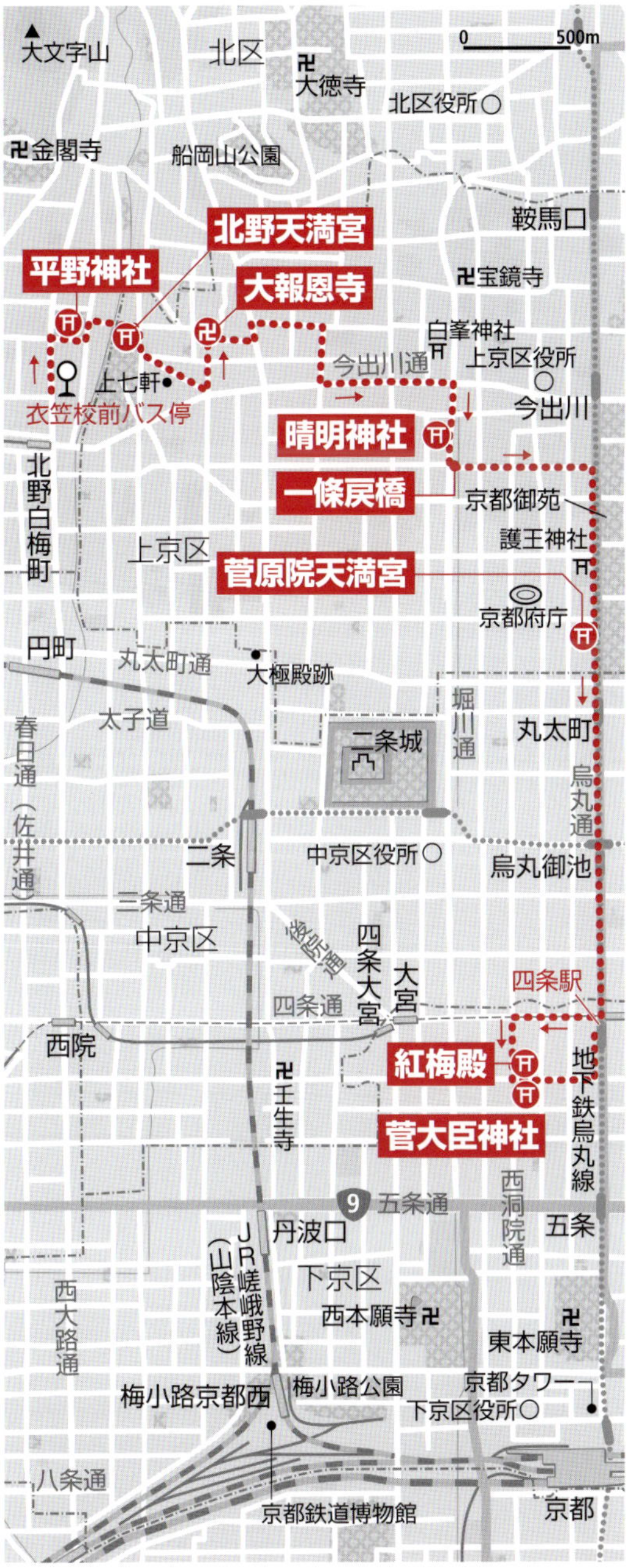

おすすめ探訪コース

所要時間 約4時間

※地図上の……ルート

衣笠校前バス停 → 徒歩3分 → 平野神社 → 徒歩5分 → 北野天満宮 → 徒歩10分 → 大報恩寺 → 徒歩30分 → 晴明神社 → 徒歩3分 → 一條戻橋 → 徒歩20分 → 菅原院天満宮 → 徒歩25分 → 紅梅殿・菅大臣神社 → 徒歩5分 → 四条駅　地下鉄烏丸線

【アクセス】京都駅から市バス205・50系統で35分、衣笠校前バス停下車。**四条駅から**地下鉄烏丸線で3分、京都駅下車。

都の大路小路をめぐる
御霊鎮めの祭

かつて都を悩ませた怨霊《おんりょう》たちは、神として崇め奉ることにより、都を守る御霊《ごりょう》へと昇華した。現在、京の三大祭として知られる、葵祭《あおいまつり》、祇園《ぎおん》祭《まつり》、時代祭、そして夏の夜空に浮かび上がる五山《ござん》送り火は、いずれも都びとが大切に伝えてきた御霊鎮《ごりょうしず》めの祭礼である。

このうち最も古い「葵祭」は、6世紀ころ、しばしば風水害をもたらした賀茂神のたたりを鎮めるため始めた行事が起源といわれる。やがて平安時代、人口の増加とともに増えた疫病や火災を治めるために行なわれた御霊鎮めの御霊会《ごりょうえ》のひとつが、のちに「祇園祭」に発展した。

明治期になって、平安京を開いた桓《かん》武《む》天皇を奉ずる「時代祭」が加わり、京都はより強力な験力《げんりき》をもつ祭神の座す都となった。

上賀茂神社

上賀茂神社でも、下鴨神社同様に、「社頭の儀」が行なわれる。「社頭の儀」は「走馬の儀」で締めくくられ、夕刻御所に帰還する。

下鴨神社楼門

朱塗りも鮮やかな楼門。葵祭のとき、宮中から遣わされた勅使は、この楼門の向かって左側の「剣の間」で剣を預ける

平安京以前に起源をもつ
葵祭

賀茂神のたたりを鎮める

5月15日に行なわれる上賀茂《かみがも》・下《しも》鴨《がも》両神社の祭礼。祭儀に関わる人々や牛車《ぎっしゃ》、氏子の家の軒下に至るまで、双葉葵《ふたばあおい》を花挿《かざ》したことから、葵祭とよばれるようになった。

起源は古く、6世紀、欽明《きんめい》天皇の時代にさかのぼる。当時、しばしば起こった風水害が賀茂神のたたりによるものと占いに出たので、馬に鈴をつけて走らせたところ、嵐がおさまり五穀豊穣となったことに由来するという。以後、賀茂氏（鴨氏）によって賀茂祭として伝えられた。

奈良・平安時代から人気の祭

奈良時代には近隣から大勢の人が集まるほどの人気となり、走り馬や騎射も盛んに行なわれた。平安遷都後は、朝廷の庇護《ひご》を受けて勅祭《ちょくさい》とされ、一時中断をはさんで今日に続く。

現在の葵祭は、古《いにしえ》の装束姿の行列が京都御所から下鴨神社を経て、上賀茂神社へと練り歩く「路頭《ろとう》の儀」、そしてはるか昔より、賀茂の神に捧げられる「社頭《しゃとう》の儀」が古式ゆかしく行なわれている。

路頭の儀

王朝風の装束に身を包む人々と牛車や騎馬隊などからなる全長1kmの華麗な行列が都大路を練り歩く

賀茂川沿いの巡行路

下鴨神社を出発した行列は、しばらく賀茂川西岸の堤を進む。この道は平安初期から巡行列がたどった道だ。

下鴨神社

下鴨神社では、祭のハイライト、斎王代《さいおうだい》の「御禊《みそぎ》の儀」（これは上賀茂神社・下鴨神社で1年交替）のほか、勅使などによる「社頭の儀」などが行なわれる。境内の糺《ただす》の森の木々越しに見る行列は、ひときわ美しい。

スタート

「路頭の儀」は5月15日、行列が京都御所を出発し、丸《まる》太《た》町通《まちどおり》、河原町通を経て、下鴨神社へ向かう。

御霊鎮めと疫病退散を願った御霊会に起源をもつ
祇園祭と山鉾巡行

祇園祭《ぎおんまつり》は平安時代、不遇な死を遂げ、疫病をもたらすとされた人の怨《おん》霊《りょう》を鎮めるための御霊会《ごりょうえ》がその起源で、神泉苑《しんせんえん》や今宮《いまみや》神社など京内の各神社でも盛んに行なわれた。

なかでも効果があるとされたのが祇園社（八坂《やさか》神社）の御霊会だったという。869年（貞観《じょうかん》11）、疫病消除の祈りの地であった神泉苑に当時の世界の国の数にちなみ66本の矛《ほこ》を立て、祇園社から神輿《みこし》を送ったところ験《げん》があり、これが祇園祭における鉾《ほこ》の起源であると伝える。近世には、京の、特に下京の町衆の繁栄の象徴として発展した。山鉾巡行は本来、神輿が御旅所へ向かう神行祭と神社へ戻る還幸祭の露払いの役割から、前《さき》祭《まつり》と後祭《あとまつり》の2回行われていたが近年一本化されていた。そして2014年（平成26）、49年振りに後祭が復活し、古の姿がよみがえった。

現在、祇園祭は7月1日の吉符《きっぷ》入りから山鉾巡行《やまほこじゅんこう》を経て、31日の疫神《えきじん》社夏越祭《じゃなごしさい》まで、丸1か月におよぶ。

山鉾巡行
華やかな祇園囃子《ぎおんばやし》とともに、豪華絢爛な山鉾が、都大路を進む。2014年（平成26）には、150年振りに大船鉾が復活した

八坂神社
御霊信仰に基づき、疫病などを防ぐ祭の場として平安時代に成立。明治期までは祇園社とよばれた

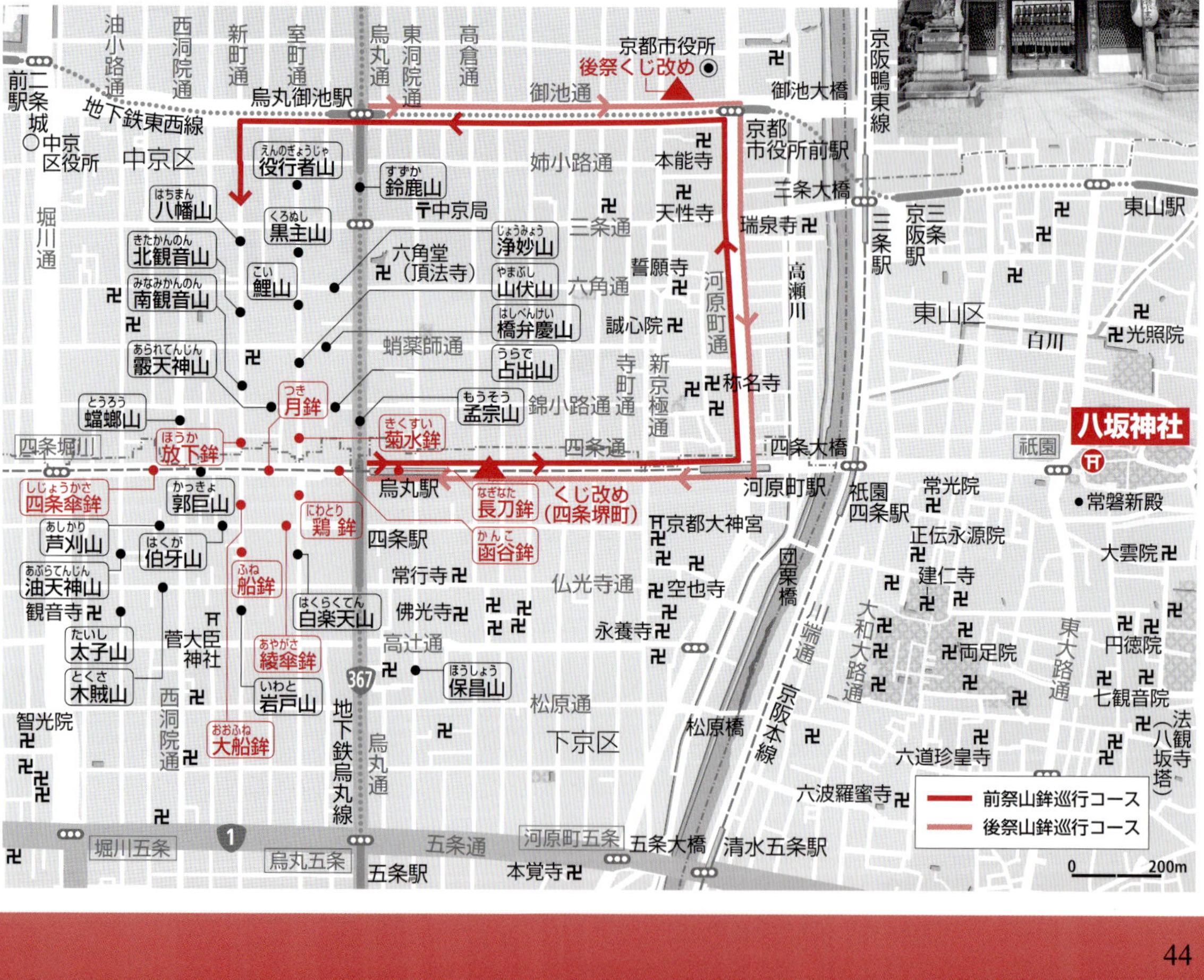

時代祭

桓武天皇、孝明天皇を祭神とする時代絵巻

時代祭《じだいまつり》は、桓武《かんむ》天皇が長岡京《ながおかきょう》から遷都した10月22日にちなんで行なわれる、平安神宮の秋の祭礼である。

第1回目は1895年（明治28）、「平安遷都千百年記念祭」として行なわれ、第2回より桓武天皇の御霊を奉ずる行事として実施されるようになった。古都・京都では、1200年余の歴史を誇るきわめて新しい祭に属する。

明治維新の維新勤皇隊列から始まり、江戸時代・中世・平安時代と時代をさかのぼり、京都を舞台に活躍した各時代の主役からなる20の行列が続く。

最後尾につくのは、桓武天皇と幕末の孝明《こうめい》天皇の御霊をまつる2台の鳳輦《ほうれん》である。平安京で生涯を終えた最初と最後の天皇は、こうして平成の時代の繁栄をながめつつ、都大路をめぐる。

時代祭の行列。1万2000点にもおよぶ華麗な衣装や祭具は、すべて専門家が時代考証を行ない、可能なかぎり当時と同じ素材・技術でつくられるという

平安神宮応天門
1895年（明治28）、「平安遷都千百年記念祭」とあわせて内国勧業博覧会が開かれた際、桓武天皇を祭神として造営。平安京の正庁朝堂院にあった建物を縮小・復元した

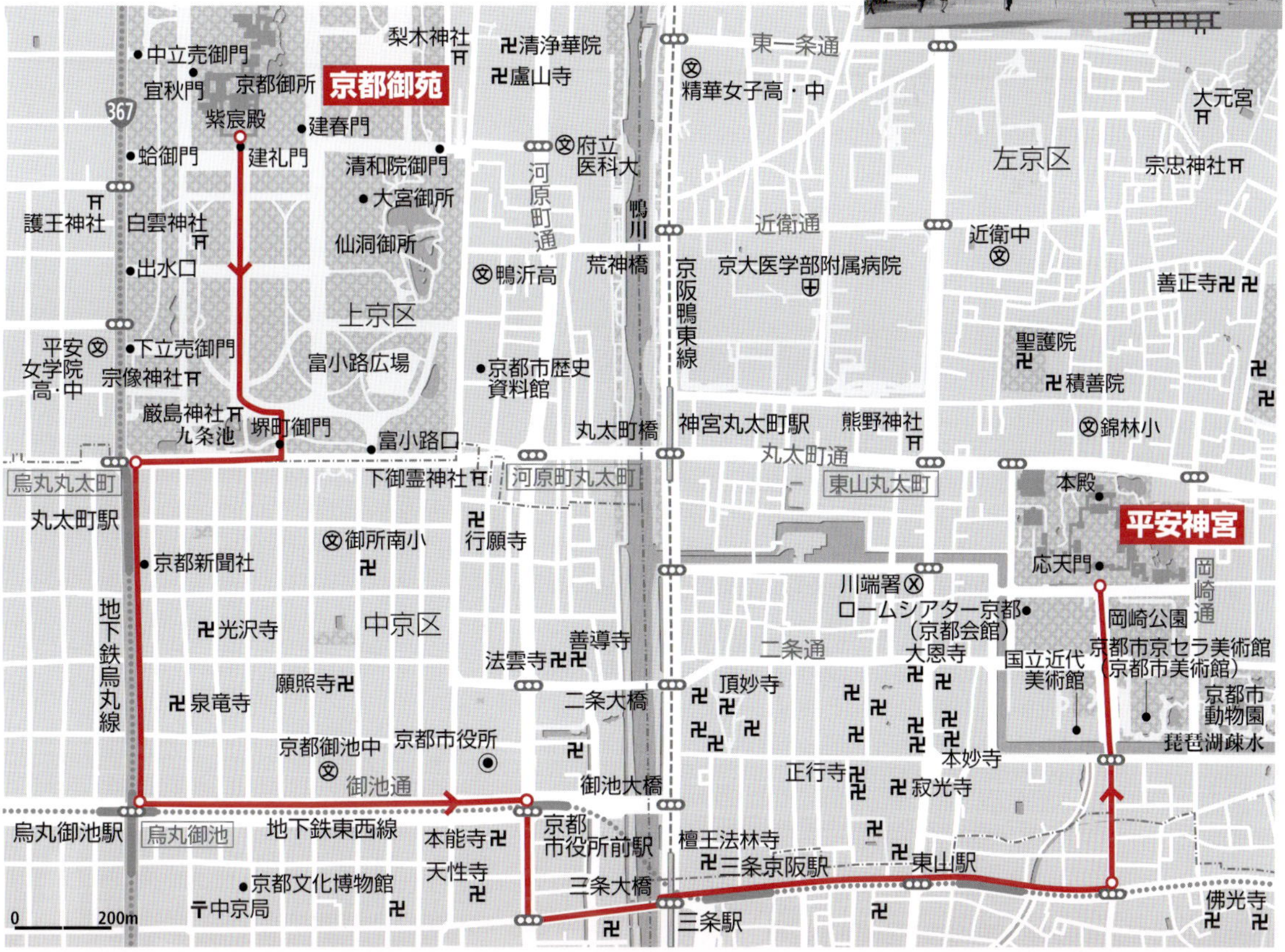

平安の夜空に浮かぶ
五山送り火

妙 法（松《まつ》ケ崎《がさき》東山《ひがしやま》・大黒天山《だいこくてんやま》）（松《まつ》ケ崎《がさき》西山《にしやま》・万灯籠山《まんとうろうやま》）

「法」は江戸時代初期に始まったとされ、「妙」は鎌倉時代初期、日蓮《にちれん》の法孫である日像《にちぞう》上人が妙の字を書き、点火したのが始まりという。法は最長約70メートル、妙は最長約100メートル。

大文字（如意ケ嶽《にょいがたけ》）

8月16日、夜8時、最初に点火されるのが如意ケ嶽（通称、大文字山）の送り火である。弘法大師が始めたといわれ、現在も山上の弘法大師堂で読経をあげてから点火される。一画80メートル、二画160メートル、三画120メートル。

五山送り火とは、毎年8月16日に行なわれるお盆の行事。京都市中を囲む5つの山に、精霊を彼岸に送るための送り火を焚《た》くことから、その名がある。山に囲まれた盆地地形を生かした行事で、御所からすべての送り火が眺められるようにつくられているといわれている。

起源は諸説あり、そのひとつに平安初期、大文字山麓《だいもんじさんろく》の寺の大火で阿弥陀仏《あみだぶつ》が飛翔《ひしょう》し空に光明を放ったことから、弘法大師空海がそれを模倣し火を用いる儀式として行なったというものがある。

現在は五山だが、明治以前には十山で行なわれていた。東山《ひがしやま》如意ヶ嶽の「大文字」から点火が始まると次々に山々の送り火が燃え上がり、去りゆく京の夏の夜が幽玄に彩られる。

疫病や天変地異が怨霊のたたりと信じられ、陰陽師《おんみょうじ》が活躍した時代にあって、お盆にお迎えした精霊を見送る送り火は、葵祭、祇園祭、時代祭の三大祭とあわせて、大切な魂鎮《たましず》めの祭礼であったに違いない。

船形《ふながた》（船山《ふなやま》）

円仁《えんにん》（慈覚大師《じかくだいし》）が唐から、暴風雨をついて無事帰国できたことにちなみ、その船をかたどって送り火を始めたという。幅約200メートル、縦約130メートル。

左大文字《ひだりだいもんじ》（大北山《おおきたやま》）

京都御所より見て左にあるため、この名がある。「大」の字の筆順どおりに点火される。一画48メートル、二画68メートル、三画59メートル。

鳥居形《とりいがた》（曼荼羅山《まんだらやま》）

弘法大師が石仏1000体を刻み、その開眼供養のときの点火が起源という。他の送り火のようにあらかじめ薪を井桁《いがた》に組まず、会員が松明《たいまつ》をかついで走るため、「火が走る」ように見える勇壮な送り火である。幅72メートル、縦76メートル。

「あねさんろっかくたこにしき……」手まり歌に詠み込んだ京の通り名

京都は、大路小路《おおじこうじ》が東西南北に交差する碁盤《ごばん》の目《め》の町並みだ。北から東西に一条、二条……九条と大路が走り、南北も東京極大路《ひがしきょうごくおおじ》と西京極大路の間を大路小路が走る。

それらの通り名は、いつのころからか、覚えやすいように手まり歌に詠み込んで口ずさまれてきた。

たとえば、東西に走る通りの名は、北の丸太町通《まるたまちどおり》から南の五条までを、左のように「まるたけえべすにおしおいけ……」と歌う。

五条より南についても、「雪駄《せった》ちゃらちゃらうおのたな……」という歌がある。雪駄とは雪駄町通のことで、五条通の一筋南側、別名楊梅《ようばい》通《どおり》とよばれる通りのこと。なお、十条通ができたのは、大正初年であるから、「雪駄ちゃらちゃら……」の部分は、大正以降に付け加えられたものらしい。

そして東西南北の道は直角に交差しているため、その交差点を基点に南北に進むときは「上《あが》ル、下《さが》ル」、東西に進むときは「東入《い》ル、西入ル」。また通りのどちら側に位置するかを言い表す場合は、南北の通りに対しては「東側、西側」、東西の通りに対しては「北側、南側」と表記する。それを頼りに進んでいけば、容易に目的の場所にたどり着けるというわけだ。

都びとの合理性を、こんなところにも見てとることができそうだ。

次頁／『源氏物語図色紙』「花宴」（国宝）
Image : TNM Image Archives

平安貴族の歴史舞台

恋する貴族たち
王朝文学の都

苔《こけ》むす寺院、静かにたたずむ古社。京都には、いたるところに1000年の都にふさわしい王朝文学ゆかりの寺社が、今も数多く残されている。物語の舞台となった場所をひとつひとつ訪ねて境内にたたずめば、喧騒《けんそう》の市街のなかであっても平安貴族たちの面影が蘇《よみがえ》り、恋の行く末に思いをはせることができるだろう。

貴船神社

和泉式部も参籠した
貴船神社《きふねじんじゃ》

水の神として名高い山中の古社。和泉式部が夫との復縁を祈ったところ成就したことから、縁結びの神としても知られる。→P60

平家栄華の後日談
寂光院《じゃっこういん》

平清盛《たいらのきよもり》の娘で高倉《たかくら》天皇妃だった建礼《けんれい》門院徳子《もんいんとくこ》の隠棲の地。謡曲『大原《おおはら》御《ご》幸《こう》』の舞台としても有名。本堂前に広がる風情たっぷりの庭は『平家物語』にも描かれている。

新京極の繁華街にある
誠心院《じょうしんいん》

「和泉式部寺《いずみしきぶでら》」ともよばれ、和泉式部が藤原道長から初代住職として与えられた寺。境内にある宝篋印塔《ほうきょういんとう》は、和泉式部の墓ともいわれる。→P61

源融の邸宅を移した
渉成園《しょうせいえん》

東本願寺の飛地境内地。園内の一部は光源氏のモデル源 融《みなもとのとおる》の邸宅だった河原《かわらの》院《いん》の遺構と伝えられる。カラタチ（枳殻）の生垣をめぐらせたことから「枳殻《きこく》邸」の別名をもつ。→P52

小町邸跡に建つ
随心院《ずいしんいん》

小野小町《おののこまち》が暮らしたといわれる地に立つ。小町に寄せられた恋文1000束を埋めた「文塚」、小町が化粧をしたとされる「化粧井戸」などがある。991年建立の格式ある門跡寺院としても知られる。

深草少将ゆかりの
欣浄寺《ごんじょうじ》

小野小町のもとに百夜通いをした、深《ふか》草少将《くさのしょうしょう》の邸宅跡と伝えられる。少将の涙が今も湧き出るという「少将姿見の井戸」、霊を供養するための少将塚と小町塚などが残る。

『源氏物語図色紙』より

大沢池と大覚寺

小町が孤独の最期を迎えた

補陀洛寺《ふだらくじ》

別名「小町寺」。流浪ののち辿り着いた小町がここで没したとされる。深草少将の供養塔や小町の墓、小町の亡骸《なきがら》から生えたという「穴目のすすき」「小町姿見の井戸」などもある。→P52

三筆のひとり・嵯峨天皇の離宮

大覚寺《だいかくじ》

桓武《かんむ》天皇の皇子で、786年（延暦5）に即位した、嵯峨《さが》天皇の離宮に建立された名刹。嵯峨天皇は漢詩文や書をよくし、空海、橘 逸勢《たちばなのはやなり》とともに三筆に数えられる。天皇の皇子のひとりは、豪奢《ごうしゃ》な風流人として知られる源融。

大原野神社

奥嵯峨にひっそりとたたずむ

祇王寺《ぎおうじ》

平清盛に愛された白拍《しらびょう》子《し》・祇王ゆかりの寺。祇王・祇女の姉妹、同じく白拍子の仏御前《ほとけごぜん》らの木像が安置され、清盛の供養塔も建てられている。

業平と高子、再会の場所

大原野神社《おおはらのじんじゃ》

藤原氏の氏神・春日大社から勧請した神社。藤原氏出身の皇妃は、必ず参拝をしたという。東宮《とうぐう》妃《ひ》となった藤原高子《たかいこ》が詣でた折、元の恋人・在原業平《ありわらのなりひら》が供奉したとされる。

失意の業平が暮らした

十輪寺《じゅうりんじ》

晩年の在原業平が住み、生涯を閉じたとされ、墓も残る。もとは文徳《もんとく》天皇皇后、藤原明子《あきらけいこ》の安産祈願のために建立された。そのとき産まれた皇子が、のちに藤原高子を妃とする清和《せいわ》天皇である。

『源氏物語』「宇治十帖」の舞台

平等院《びょうどういん》

藤原頼通《よりみち》が築いた名刹として知られるが、もとは源融の別荘。→P66、68

王朝文学の都

平安時代に華ひらいた、王朝文学の世界。華やかな作品群の土壌には、貴族たちが繰り広げた、無数の恋と野心が潜んでいる。美人の誉れは高いが晩年の落魄《らくはく》も伝わる小野小町《おののこまち》。また、好男子・在原《ありわらの》業平《なりひら》は『伊勢物語』に、豪邸を営んだ源 融《みなもとのとおる》は『源氏物語』に、それぞれ素材を提供している。

和歌

絶世の美女、惨めな晩年、伝説に彩られた歌人 小野小町

小野小町ほど謎に満ちた女性はいない。仁明《にんみょう》天皇、文徳《もんとく》天皇の時代に女官として仕えていたらしく、実在したことは確かだ。

しかし、生没年も出自も明らかではなく、１００首を超える小町作とされる和歌も、実は『古今和歌集』に載る18首のみが実作という（『後撰和歌集』の4首を加える説もある）。いずれも魅力的な恋の調べで、後世への影響は強く、伝説は歌そのものが生み出したともいえる。

最も知られた伝説は、深草少将《ふかくさのしょうしょう》の「百夜通い」。１００夜通えば思いを遂げさせると、小町に約束された少将だったが99夜目に亡くなってしまう。小町は恋文を燃やし、その灰で地蔵をつくり、少将を弔《とむら》ったという。

己の美貌に自信をもち、男の愛を受け入れなかった結果、晩年は惨めなものだったという言い伝えは多い。

墓のある洛北の補陀洛寺《ふだらくじ》は、陸奥《みちのく》まで流浪した小町がこの地に辿り着き、晩年を過ごし、没したと伝える。亡骸《なきがら》は弔う人もなく、野ざらしにされ、白骨と化したという。老いさらばえた小町の姿を写した『小野小町老衰像』も残されている。

花の色は 移《うつ》りにけりな
いたづらに
わが身世にふる
ながめせしまに

自身の老いを花の衰えにたとえて詠んだ、『古今和歌集』にある小町の歌。のちに『百人一首』にも採られ、最も有名な小町の歌となった

源氏物語　大鏡

光源氏のモデルとなった 源融

東本願寺の飛地境内地・渉成園《しょうせいえん》（枳殻邸《きこくてい》）は、近世の池泉回遊式庭園《ちせんかいゆうしきていえん》である。だが、この地に作庭される以前の平安時代、遺構の一部は鴨川河畔にあった源融の邸宅だったという。

融は、嵯峨《さが》天皇の第8皇子。贅《ぜい》を尽くした河原院《かわらのいん》で豪奢《ごうしゃ》な生活を送った左大臣として有名だ。『源氏物語』の光源氏のモデルのひとりでもある。

一方、歴史物語の『大鏡《おおかがみ》』は、陽《よう》成《ぜい》天皇が、素行が原因で太政大臣藤原基経《もとつね》によって廃位された際、融には皇位継承資格も、皇位の望みもあったと伝えている。

だがこのとき、一度臣籍に下って皇位に復した例はないとして、望みは時《とき》適《かな》わなかった。基経が選んだのは時康《やす》親王。のちの光孝《こうこう》天皇である。天皇は親王時代が長く、その子源定省《さだみ》も臣籍に下って久しかった。だが、天皇の発病によって、定省は融が適わなかった皇族復帰を果たし、ついに即位する（宇多《うだ》天皇）。

河原院は、８９５年（寛平《かんぴょう》7）に融が亡くなって宇多天皇に寄進されるが、やがて廃墟となり、融の霊があらわれたという話が諸書に伝わる。

江戸時代に徳川家光から土地が寄進され、作庭された渉成園

伊勢物語

プレイボーイ？実は一途な想い！ 在原業平

在原業平が藤原高子《たかいこ》と出会ったのは、859年（貞観元）のことという。業平35歳、高子18歳であった。

2人は恋に落ち、逢瀬《おうせ》を重ねる。しかし、高子の叔父・藤原良房《よしふさ》は、彼女を入内《じゅだい》させ自らの権力を強化しようと考えていた。そのため、2人の関係が知られると、高子は業平から遠ざけられてしまう。

『伊勢物語』は、男が女を連れて逃げるが、夜更けに鬼に女を食われてしまう話を載せる。これは高子を連れて逃げた業平だったが、良房の養子・基経によって高子を取り戻されてしまった話に基づくという。

やがて、高子は東宮妃《とうぐうひ》、清和《せいわ》天皇女御《にょうご》となり、業平の手の届かない人となった。業平の「東下《あずま》り」も、その後のあまたの恋の遍歴も、この失恋ゆえという説がある。

『伊勢物語』はまた、東宮妃時代の高子が、藤原氏の氏神である大原野《おおはらの》神社《じんじゃ》に参詣した話を伝える。供奉した「翁《おきな》」は、こう詠《よ》んだ。

大原や小塩の山も
けふこそは
神代《かみよ》のことも
思ひ出《い》づらめ

「氏神様も今日は古代を思い出し、懐かしんでいる」という、祝賀の歌だが、「翁」とは四十路を越えた業平であり、これは高子への忘れ得ぬ思いを託した話として伝えられている。

『伊勢物語』は和歌を中心に、在原業平とおぼしき主人公の恋愛や交友をつづった歌物語

融・業平関係系図

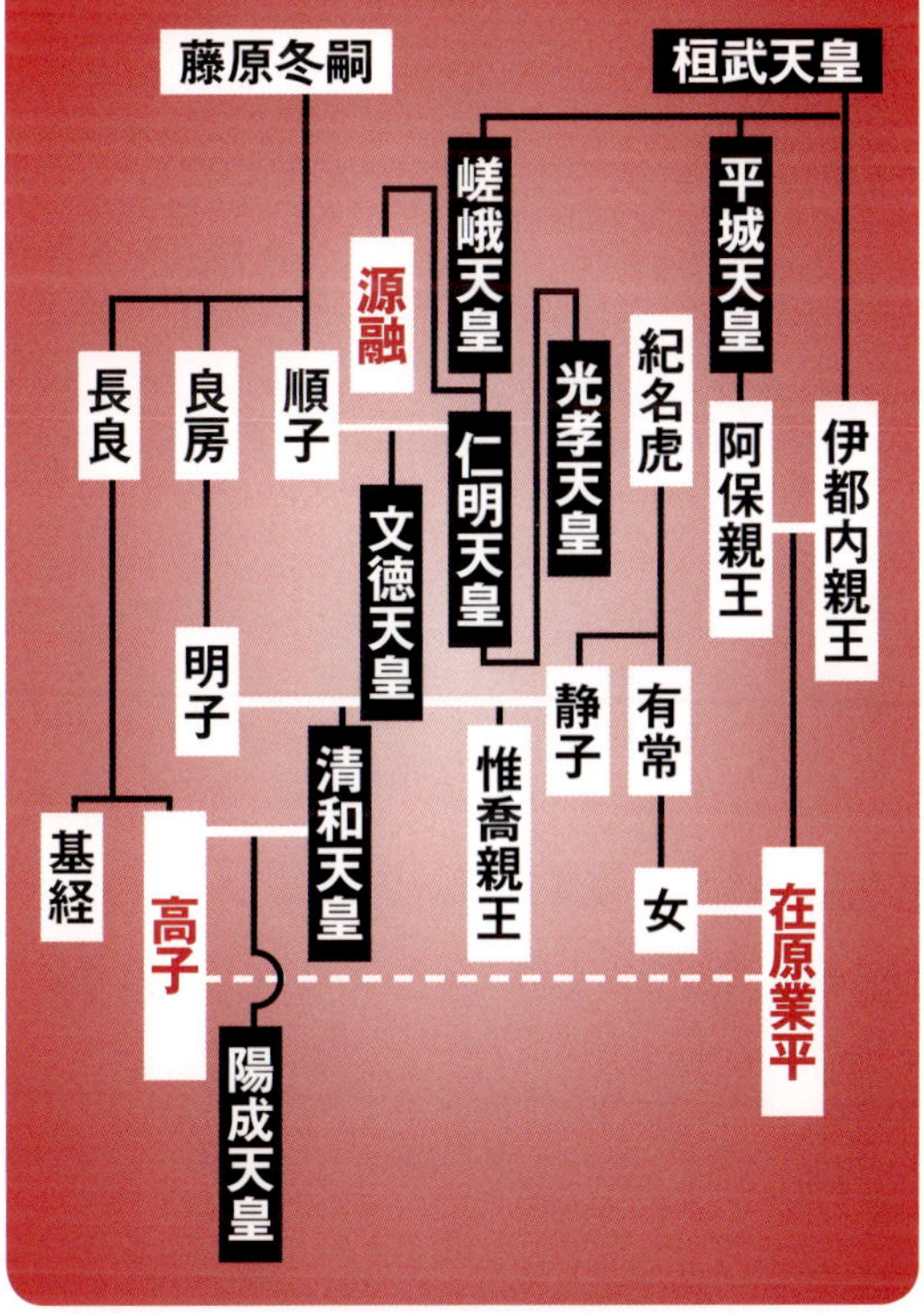

平家物語

栄華の残照のなかで輝く女人哀話の数々

有名な「祇園精舎《ぎおんしょうじゃ》の鐘の声《おと》、諸行《しょぎょう》無常の響きあり」で始まる『平家物語』。琵琶《びわ》法師《ほうし》の語りで普及するのは鎌倉時代以降だが、描かれた平家一門の栄華の舞台は、平安末期の京都で、女性たちを中心に、ゆかりの旧跡も京都には多い。

巻第一で登場するのは、全盛期の平清盛によって翻弄《ほんろう》された白拍子《しらびょうし》・祇王《ぎおう》。寵《ちょう》を失った祇王とその妹たちが過ごした嵯峨野《さがの》の往生院《おうじょういん》はその後、祇王寺となって今に伝わる。

巻第六で登場するのは、琴の名手とされた小督《こごう》。高倉《たかくら》天皇の中宮である徳《とく》子《こ》（建礼門院《けんれいもんいん》）に仕えたが、天皇の寵愛を受けたために、徳子の父・清盛の怒りを買い、やはり嵯峨野に隠棲《いんせい》したという。嵐山には小督塚とよばれる五輪塔があり、東山の高倉天皇陵を臨む清閑寺《せいかんじ》には、小督供養塔も残る。

巻第十では、清盛の娘・徳子の雑仕《ぞうし》女《め》・横笛《よこぶえ》に恋焦《こ》がれた斎藤時頼《ときより》が、父の反対に背けず出家した悲恋譚《たん》。時頼は滝口《たきぐち》という御所警護の武士で、ゆかりの滝口寺は祇王寺のすぐ南に立つ。

『平家物語』は徳子の死で幕を閉じる。安徳《あんとく》天皇はじめ一族が滅亡した壇ノ浦《だんのうら》の合戦後も生きながらえた徳子は、晩年彼らの菩提を弔い続けた。生涯を終えた場所が、大原の寂光院《じゃっこういん》である。

栄華とは、貴族の時代から武家の時代へと移る一瞬の光芒《こうぼう》である。いわゆる王朝文学の情趣とは異なる無常観が、『平家物語』には漂う。

最古にして、最も魅力的な京都ガイドブック
『源氏物語』

舞台はすべて現実の場所

全54帖（54章）におよぶ大作、『源氏物語』。完成まで10年以上かかったこの恋愛小説は、光源氏《ひかるげんじ》が出会うさまざまな出来事を描き上げた当時の超話題作である。

稀代《きだい》の美男子、光源氏をめぐって起こる出来事。義理の母藤壺《ふじつぼ》中宮との密通、冷泉《れいぜい》帝の誕生。六条《ろくじょう》御息所《みやすどころ》をはじめとする多くの女性との恋。須磨《すま》への追放、再び戻った都での栄達、六条院での紫上《むらさきのうえ》との華やかな生活……。

こうした物語を、当時の読者は現実の内裏《だいり》や都の様子を重ね合わせて楽しんだ。光源氏の喜びや哀しみは、彼らの喜び、哀しみでもあった。光源氏は、たしかに京の都に生きて、存在していたのである。

もちろん、『源氏物語』の登場人物はすべてが創作である。その舞台も「なにがし寺」のようにあいまいな表現がとられている。しかし、そのうちの幾人かには、確かなモデルが存在するといわれ、場所も現実の京の都や、その周辺に対応している。当時の人は、「なにがし寺」がどこであるのか、それを推測して楽しんだりしたのであろう。

物語自体が京都の観光ガイドに

たとえば第10帖「賢木《さかき》」の巻では、野宮《ののみや》一帯の風景がたんねんに描かれている。

伊勢下向を控えて、嵯峨野《さがの》の野宮神社にこもる六条御息所を光源氏が訪ね、別れを惜しむくだりである。御簾《みす》越しに御息所に榊《さかき》の枝を渡す源氏。周囲の竹林を渡る風のささやきが聞こえてくるようだ。

このほかにも、比叡山《ひえいざん》や大雲寺《だいうんじ》、大学寮、大原野《おおはらの》、さらには京を離れて須磨や明石《あかし》なども描かれており、物語自体が京都とその周辺のガイドブックとなっているのである。

今日、宇治川の周辺には『源氏物語』宇治《うじ》十帖《じゅうじょう》の舞台として、江戸時代につくられた古蹟が残る（→P68）。架空の話に古蹟とは不思議だが、すでに当時『源氏物語』は大古典だった。人々はあの話はどこ、この話はどこ、と思いをめぐらせ楽しんだにちがいない。

国宝『源氏物語』第40帖「御法《みのり》」の一場面。重い病にかかった光源氏最愛の妻・紫の上は、源氏と養女である明石中宮《あかしのちゅうぐう》（源氏と明石の上の娘）に見守られながら息を引き取る

紫式部にゆかりのある場所

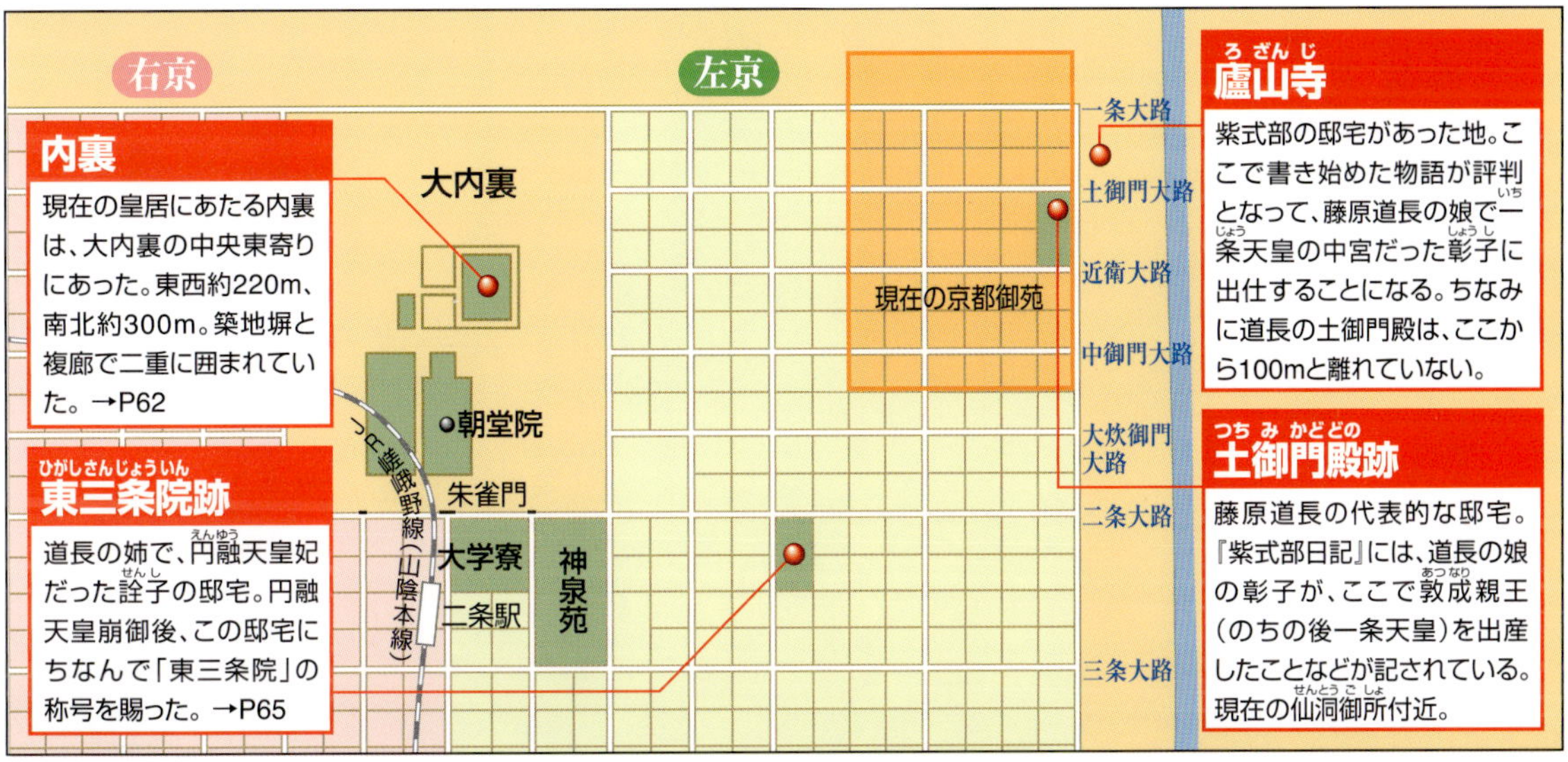

右京
左京
一条大路
土御門大路
近衛大路
中御門大路
大炊御門大路
二条大路
三条大路
大内裏
朝堂院
朱雀門
大学寮
神泉苑
二条駅
JR嵯峨野線（山陰本線）
現在の京都御苑
内裏
現在の皇居にあたる内裏は、大内裏の中央東寄りにあった。東西約220m、南北約300m。築地塀と複廊で二重に囲まれていた。→P62
東三条院跡《ひがしさんじょういん》
道長の姉で、円融《えんゆう》天皇妃だった詮子《せんし》の邸宅。円融天皇崩御後、この邸宅にちなんで「東三条院」の称号を賜った。→P65
盧山寺《ろざんじ》
紫式部の邸宅があった地。ここで書き始めた物語が評判となって、藤原道長の娘で一条《いちじょう》天皇の中宮だった彰子《しょうし》に出仕することになる。ちなみに道長の土御門殿は、ここから100mと離れていない。
土御門殿《つちみかどどの》跡
藤原道長の代表的な邸宅。『紫式部日記』には、道長の娘の彰子が、ここで敦成《あつなり》親王（のちの後一条天皇）を出産したことなどが記されている。現在の仙洞御所《せんとうごしょ》付近。

嵯峨・嵐山周辺をめぐる

『源氏物語』と『平家物語』二大傑作の舞台

王朝人が「侘《わ》び住まい」をした嵯《さ》峨野《がの》には、平安文学ゆかりの古社寺が散在する。現在は観光地として知られ、辻々には道標も整備されており、迷う心配なく散策が楽しめる。

竹林の道を歩く

JR嵯峨野線嵯峨嵐山駅《さがあらしやま》を出てトロッコ嵯峨駅の南から西へ続く細道を直進すると、やがて高架になっている広いバス通と交差する。

天龍寺《てんりゅうじ》はバス通をくぐり、次の広い道に面しているが、まずは天龍寺の門前を過ぎ、さらに先の渡月橋《とげつきょう》へ。桂川《かつらがわ》対岸には平安遷都以前に創建されたという、法輪寺《ほうりんじ》が見える。

曹源池《そうげんち》庭園が美しい世界遺産の天龍寺を拝観後は、寺の北門をくぐり右折。竹林の風情ある道を歩くと、左手に**野宮**《ののみや》**神社**が立つ。

周囲の小柴垣《こしばがき》や樹皮がついた自然木の黒木鳥居は、『源氏物語』の雰囲気を感じさせるに充分。ここから伊勢へ旅立ったという六条御息所《ろくじょうみやすどころ》に思いをはせつつ参拝したら、竹林の道をさらに北へ進む。

踏切を渡るとやがてT字路。左折してからは、嵯峨公園に沿って進む。公園がとぎれた次の辻を左折すると、右手に、田園を前景にした落柿舎《らくししゃ》が見える。

さらに直進すると、紅葉の名所として名高い**常寂光寺**《じょうじゃっこうじ》、その北には**二**《に》**尊院**《そんいん》が立つ。

『源氏物語』「賢木《さかき》」の巻の舞台とされる野宮神社

源融の別荘跡から嵯峨御所へ

二尊院の門前から北へ道なりに進むと、**祇王寺**《ぎおうじ》が立つ。苔庭《こけにわ》の広がる静かな境内は、『平家物語』の女人哀話にふさわしい。南には横笛《よこぶえ》との恋を果たせず、出家した斎藤時頼《ときより》（滝口入道《たきぐちにゅうどう》）ゆかりの**滝口寺**《たきぐちでら》（旧往生院三寶寺《おうじょういんさんぼうじ》）がある。山門左手には、入道に面会を拒まれた横笛が、指の傷から流れる血で歌を書いたという歌碑が残る。

ここからは来た道を二尊院手前の辻まで引き返し、**清涼寺**《せいりょうじ》へ向かう。光源氏のモデルといわれる源融《みなもとのとおる》が山荘を築いた場所で、春・秋に公開される霊宝館には、融に似せてつくられたという阿弥陀像《あみだぞう》が安置されている。

仁王門《におう》から南へ進めば、天龍寺前のバス通に出るが、できれば嵯峨天皇の離宮を改めたという**大覚寺**《だいかくじ》にも足をのばしたい。東に広がる大沢池北には、古歌に詠《よ》まれた名古曽《なこそ》の滝跡もある。ゴールとなるバス停は、寺のすぐ前にある。

おすすめ探訪コース

所要時間 約4時間

※地図上の……ルート

嵯峨嵐山駅　JR嵯峨野線
徒歩10分
天龍寺
徒歩5分
野宮神社
徒歩10分
常寂光寺
徒歩5分
二尊院
徒歩5分
祇王寺
徒歩すぐ
滝口寺
徒歩15分
清涼寺（嵯峨釈迦堂）
徒歩20分
大覚寺
徒歩すぐ
大覚寺バス停

【アクセス】京都駅からJR嵯峨野線（山陰本線）で18分、嵯峨嵐山駅下車。**大覚寺バス停から**市バス28系統で50分、京都駅下車。

0
200m
有栖川
称念寺
観空寺橋
大覚寺
天神島
五社明神
宸殿
五大堂
大沢池
大覚寺バス停
覚勝院
護法堂弁財天
鳥居八幡神社
観空寺
化野念仏寺
仏舎利塔
釈迦堂清滝道
北嵯峨高
後亀山天皇
嵯峨小倉陵
清凉寺
（嵯峨釈迦堂）
博物館
さがの人形の家
阿弥陀堂
檀林寺
証安院
大覚寺門前
祇王寺
本堂
滝口寺
厭離庵
仁王門
宝篋院
久遠寺
愛宕神社
嵯峨小
二尊院
去来の墓
右京区
愛宕局
落柿舎
丸太町通
常寂光寺
嵯峨公園
毘沙門天
JR嵯峨野線（山陰本線）
嵯峨嵐山駅
安立寺
正覚寺
小倉池
法然寺
法務局
出張所
トロッコ
嵯峨駅
御髪神社
嵯峨野観光鉄道
野宮神社
嵐山
妙見堂
嵐山トンネル
トロッコ嵐山駅
天龍寺
嵯峨局
多宝殿
慈済院
金剛院
嵐電嵐山本線
嵐電嵯峨駅
大悲閣（千光寺）
嵐山駅
長慶天皇
嵯峨東陵
法堂
大方丈
嵐山公園
（亀山公園）
臨川寺
後伏見天皇
後嵯峨天皇
亀山天皇
火葬塚
清滝道三条
三条通
渡月橋
桂川
渡月橋
桂川（保津川）
西京区
嵐山公園
嵐山駅
阪急嵐山線
法輪寺
（嵯峨虚空蔵）
嵐山
▲382

古寺を訪ねる

光源氏が若紫を見初めた「北山のなにがし寺」とされる 鞍《く》馬《らま》寺《でら》

本殿金堂。開創以来の本尊である毘沙門天のほか、千手観世音菩薩、護法魔王尊の三身をまつり、当寺ではこれらを「尊天」として尊んでいる。また、鞍馬山の古名「くらぶ山」は「暗部山」のことで、樹木に覆われた深山を意味した

木々に囲まれ 昼なお暗い修験の山

標高570メートルの鞍馬山の鬱蒼《うっそう》とした木々に囲まれた、昼なおほの暗い山中に立つ鞍馬寺。中腹の多宝塔までは仁王《におう》門からケーブルで行けるが、できれば徒歩で詣でたい。

開創は鑑禎《がんちょう》上人で、770年（宝《ほう》亀《き》元）のことという。鑑禎は苦難の末に来日し、奈良の都に唐招提寺《とうしょうだいじ》を開いた鑑真《がんじん》の弟子にあたる。

鑑禎がまつったとされる本尊毘沙門天《びしゃもんてん》は、北天の守護神とされたため、平安遷都直後に鞍馬は都を守る北方鎮護の役割を担うこととなった。

平安時代から中世にかけて、鞍馬をはじめ峻険《しゅんけん》な山々を修行の場とした修験道《しゅげんどう》の一団があった。いわゆる山伏《やまぶし》である。山中で厳しい暮らしを送る山伏たちは、市中の生活者からは人智を超えた異能の集団、さらには異界の徒と考えられた。神通力をもった「鞍馬山の天狗《てんぐ》」とは、こうした山伏たちへの畏敬《いけい》の念から生み出されたといってよいだろう。

畏《おそ》れは祈りを生む。鞍馬寺は王城鎮護の守護神から、この世の救いを求める都の人々の魂のよりどころとなったのである。

王朝の女性文学者や 源氏の御曹司とのゆかり

仁王門と本殿金堂の間に鎮座するのが由岐《ゆき》神社。有名な「鞍馬の火祭」とは、ここで毎年10月22日に行なわれる例祭だ。

由岐神社から本殿金堂までの参道は、つづら折りとよばれる急坂で、『枕草子《まくらのそうし》』では、「近うて遠きもの」として取り上げら

霊宝殿《れいほうでん》

1階は、自然に恵まれた鞍馬山の環境を紹介する博物館、2階は寺宝の展示、3階に諸仏を安置する。3階には、左手を額にかざし、はるか鞍馬の山から都を見張り守護する毘沙門天像と、吉祥天《きっしょうてん》（いずれも国宝）、聖観音立像《しょうかんのんりゅうぞう》（重文）などがまつられている。

本殿金堂

通常の寺院の本堂または金堂にあたり、本尊毘沙門天像などをまつる。1971年の再建で、鉄筋コンクリートの入母屋造りとなる。

義経供養塔

東光坊跡ともよばれ、幼少期の源義経が7歳のころから約10年住んだ庵があったと伝えられる。1940年に整備され、供養塔が建てられた。

由岐神社

940年、鞍馬寺の鎮守社として、御所より勧請されたという。祭神は大己貴命《おおなむちのみこと》と少彦名命《すくなひこなのみこと》である。

仁王門

寿永《じゅえい》年間の創建だが、現在の建物は1911年再建の丹塗《にぬ》りの楼門。湛慶《たんけい》作といわれる仁王立像は、明治期の再建時に移されたもの。

れている。また、『源氏物語』で、病を得た若き光源氏が療治のために参籠《さんろう》した「北山のなにがし寺」とは、古来この鞍馬寺とされている。

由岐神社の近くに義経《よしつね》供養塔が建つ。実母・常磐御前《ときわごぜん》が平清盛に身を任せる代わりに子どもだった義経（牛若丸）の命が救われ、その牛若丸の預けられた東光坊《とうこうぼう》がここにあったとされる。

この地で少年期を過ごした牛若丸は源義経となり、平家追討の功労者となった。のちに奥州平泉《ひらいずみ》で非業の死を遂げたが、その魂は鞍馬に戻ったとされ、奥の院の義経堂にまつられている。

松尾山鞍馬寺《しょうびざんくらまでら》

【宗派】鞍馬弘教総本山
【創建】770年（宝亀元）

◆アクセス

京都府京都市左京区鞍馬本町1074
電話：075-741-2003
交通：叡山電鉄鞍馬線鞍馬駅下車、仁王門まで徒歩3分。

※叡山電鉄・市原～鞍馬駅間運転休止。バスによる振替輸送有り。（2021年3月現在）

歴史探訪
ガイド

鞍馬寺・貴船神社

伝説の宝庫・鞍馬と貴船の里

鞍馬《くらま》と貴船《きぶね》は紅葉の名所。貴船はまた、夏の納涼床で名高い。鞍馬寺からは牛若丸（源義経《よしつね》）ゆかりの史跡などをたどりながら歩ける、絶好のハイキングコースで結ばれている。ただ、高低差が激しいので、足下はしっかりと固めておきたい。

杉の巨木に覆われた参道を行く

鞍馬駅を出て、みやげ物店が並ぶ道を進むと、正面の石段上に鞍馬寺の**仁王門**《におう》がそびえる。つづら折りとよばれる険しい参道のため、門脇の受付では杖《つえ》を無料で貸しだしている。

本殿金堂に到着して見返れば、尾根越しに比叡山《ひえいざん》の山並みが美しい。

左右に灯籠が続く貴船神社の参道。80余段の石段を上れば、蒼然とした神域が広がる

牛若丸ゆかりの山道を軽快にハイク

拝観を終えたら西側の細道から、再び山を登り始める。義経堂前の三叉路を左へ道をとると、木の根道。しばらく先の大杉権現社《おおすぎごんげんしゃ》を参拝したら、さらに進み奥の院、宇宙から降臨した魔王をまつる**魔王殿**へ向かう。どちらも神秘的な雰囲気をもつ社《やしろ》で、天狗《てんぐ》の伝説地にふさわしい。

ここからは山を下り、貴船川へ向かう。川手前には寺の西門があり、貸杖はここで返却する。

貴船川沿いに広がる京の奥座敷

西門から**貴船神社**《きふねじんじゃ》まではすぐだ。当地は賀茂川の水源のひとつと考えられ、古来水神として信仰が篤い。拝観を終えたら川沿いをさらに進んで**貴船神社奥宮**へ。途中、縁結びにご利益があるという結社《ゆいのやしろ》にも立ち寄りたい。

奥宮に鎮座する船形石《ふながたいし》には、創建にかかわるとされる、神武《じんむ》天皇の母玉依姫《たまよりひめ》が乗った黄船《きぶね》が小石で覆い隠されているという。

ここからは川沿いを引き返し、貴船口駅へ向かう。途中の貴船バス停から駅まで京都バスが運行しているので、利用するのもいい。

おすすめ探訪コース

所要時間 約6時間

※地図上の……ルート

鞍馬駅 叡山電鉄
↓ 徒歩3分
仁王門
↓ 徒歩35分
鞍馬寺本殿金堂
↓ 徒歩25分
魔王殿
↓ 徒歩25分
貴船神社
↓ 徒歩15分
貴船神社奥宮
↓ 徒歩40分
貴船口駅 叡山電鉄

【アクセス】 **京都駅から**市バス17系統で約30分、出町柳下車、叡山電鉄に乗り換え約30分、鞍馬駅下車。**貴船口駅から**叡山電鉄で27分、出町柳駅下車、市バス17系統に乗り換え約30分、京都駅下車。

※叡山電鉄・市原～鞍馬駅間運転休止。バスによる振替輸送有り。（2021年3月現在）

貴船神社と和泉式部

「冥きより冥き道にぞ入りぬべき」和泉式部の恋の巡礼と、女人往生

貴船神社を訪れる和泉式部

都の北、貴船の地は鴨川の水源。貴船神社は水の神として、古くから京の人々に崇められてきた。本宮から貴船川沿いを上流に歩くと、左手にあるのが、縁結びの神として知られる貴船神社の結社《ゆいのやしろ》である。

平安時代の歌人和泉式部《いずみしきぶ》は、20歳以上年長の2番目の夫、藤原保《やす》昌《まさ》の心変わりを嘆き、復縁祈願のためにこの社を参詣したとき

もの思《おも》へば沢の蛍もわが身より
あくがれ出づる魂かとぞ見る

と詠《よ》んだ。御手洗川《みたらしがわ》に飛んでいるたくさんの蛍を見て、物思いのために肉体から離れ飛んだ魂かと思ったというのである。

同時代の『源氏物語』では、六《ろく》条《じょう》御息所《みやすどころ》の魂は葵上《あおいのうえ》や紫上《むらさきのうえ》に物の怪《け》となってとり憑《つ》いた。愛欲に憑かれた和泉式部の魂も、自分のもとを離れた男を激しく求めて、蛍のようにさ迷っている。わが身と魂の分裂を痛切に体験していた式部だからこそ、このような歌が生まれたのであろう。

平安時代にはすでに縁結びの神として信仰されていた貴船神社結社。和泉式部の願いも叶えられた

多くの男性との恋の遍歴

和泉式部は、紫式部と同時期に中宮彰子《しょうし》に仕えていた女房であった。学問の家、大江家の出身で、最初の夫、橘道貞《たちばなのみちさだ》とは式部が20歳のころに結婚するが、不仲となり、冷泉帝《れいぜい》の皇子為尊《ためたか》親王、ついで弟の敦道《あつみち》親王と愛し合う。

『和泉式部日記』は、為尊親王との死別を嘆いているところから始まる。このとき弟の敦道親王の使いで来た童に、自分の寂しい思いを詠んだ歌を託した式部は、数日後に訪ねてきた敦道親王と契りを結んでしまうのである。やがて敦道の邸に引き取られ、愛に満ちた日々を送る。しかし、その敦道親王も式部を残して27歳の若さで世を去ってしまう。

冥《くら》きより冥き道にぞ　入りぬべき
はるかに照らせ　山の端《は》の月

この歌は、播磨《はりま》国の書写山円教寺を開いた性空《しょうくう》上人に結縁のために送ったもので、「冥キヨリ冥キニ入リテ永ク仏名ヲ聞カズ」という法華経の文句を踏まえている。「山の端」にかかる月輪は、「山越《やまごえ》阿弥《あみ》陀図《だず》」などに描かれる菩薩《ぼさつ》像をイメージしているのだろうか。

式部は愛欲からの救いを、浄土《じょうど》へと導く仏に求めながら、それでもなお、愛欲の冥さへと引き込まれていった。わが身の性《さが》と、救いへの憧れが、この歌に見事に結晶しているように思われる。

晩年の和泉式部

中宮彰子の女房として仕えた時期までは、式部にとって楽しい日々であったらしい。しかし保昌の妻となって京を離れたあとの日々は冒頭の歌にも見られるように、決して楽しいものではなかったようだ。歌人として有名な娘の小式部内侍《こしきぶのないし》が、産後の肥立ちが悪くて亡くなり、その翌年１０２６年（万寿3）、式部の理解者であった彰子が出家。さらにその翌年には藤原道長も死去してしまう。

この年に創建された誠心院《じょうしんいん》の寺伝によると、道長が式部に東北院の一角に与えた庵が、同院のおこりで、式部が初代の住職だとされている。現在の誠心院は、桃山時代の秀吉の市街整備により、新京極六角下ルに移転。新京極通に面する境内には、式部の墓とされる宝篋印塔《ほうきょういんとう》が立つ。

内裏で繰り広げられた
藤原氏の栄華と陰謀

平安京の北に位置した大内裏《だいだいり》は天皇の住まいである内裏《だいり》と中央諸官庁など、都の中枢機能が集中し、貴族たちの政治の表舞台であり、謀略の中核地であった。また、政治に翻弄された中宮定子《ちゅうぐうていし》ら、宮中の女性たちが暮らした場でもあった。

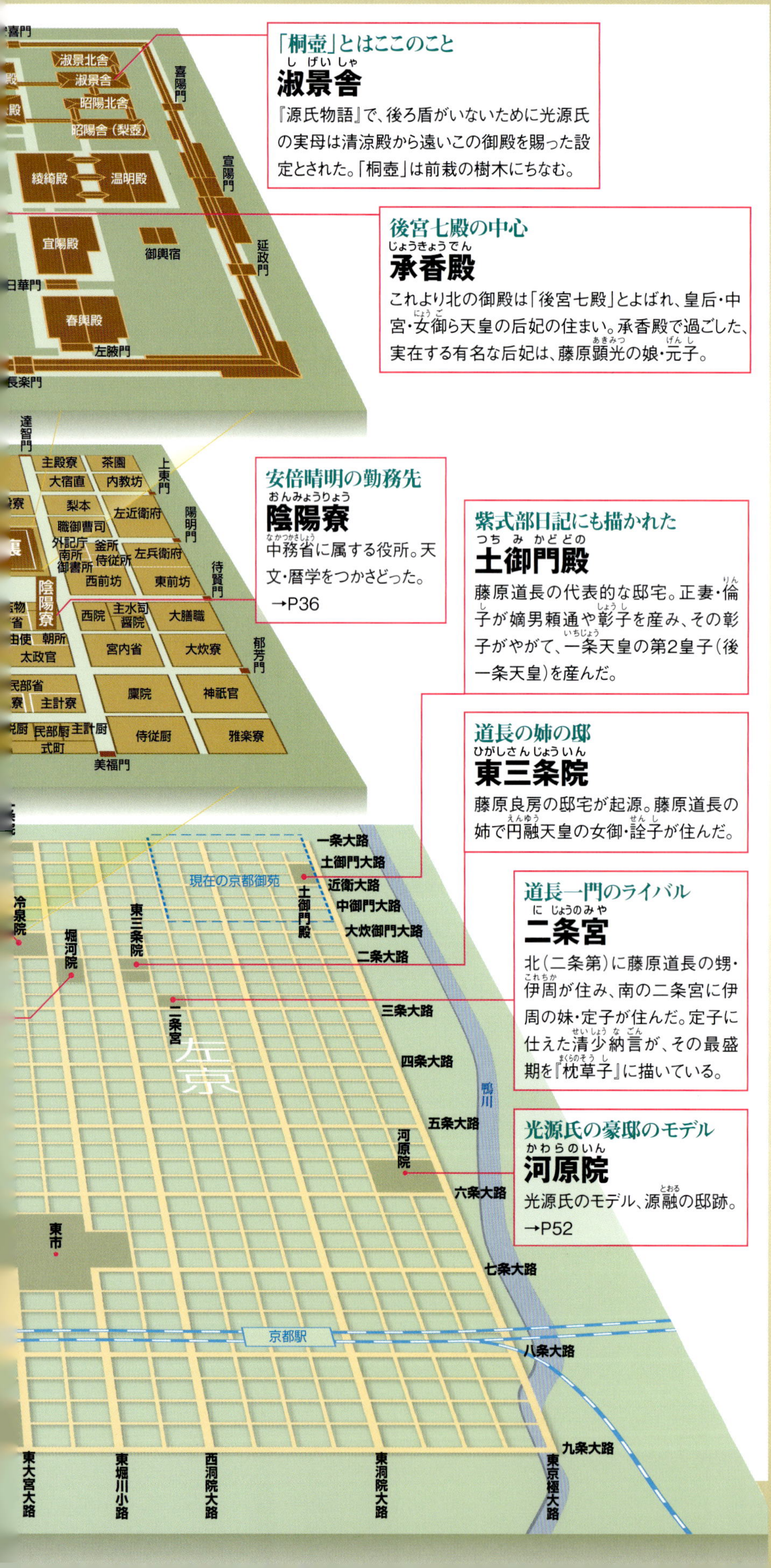

「桐壺」とはここのこと

淑景舎《しげいしゃ》

『源氏物語』で、後ろ盾がいないために光源氏の実母は清涼殿から遠いこの御殿を賜った設定とされた。「桐壺」は前栽の樹木にちなむ。

後宮七殿の中心

承香殿《じょうきょうでん》

これより北の御殿は「後宮七殿」とよばれ、皇后・中宮・女御《にょうご》ら天皇の后妃の住まい。承香殿で過ごした、実在する有名な后妃は、藤原顕光《あきみつ》の娘・元子《げんし》。

安倍晴明の勤務先

陰陽寮《おんみょうりょう》

中務省《なかつかさしょう》に属する役所。天文・暦学をつかさどった。

→P36

紫式部日記にも描かれた

土御門殿《つちみかどどの》

藤原道長の代表的な邸宅。正妻・倫子《りんし》が嫡男頼通や彰子《しょうし》を産み、その彰子がやがて、一条《いちじょう》天皇の第2皇子（後一条天皇）を産んだ。

道長の姉の邸

東三条院《ひがしさんじょういん》

藤原良房の邸宅が起源。藤原道長の姉で円融《えんゆう》天皇の女御・詮子《せんし》が住んだ。

道長一門のライバル

二条宮《にじょうのみや》

北（二条第）に藤原道長の甥・伊周《これちか》が住み、南の二条宮に伊周の妹・定子が住んだ。定子に仕えた清少納言《せいしょうなごん》が、その最盛期を『枕草子《まくらのそうし》』に描いている。

光源氏の豪邸のモデル

河原院《かわらのいん》

光源氏のモデル、源融《とおる》の邸跡。

→P52

内裏

東西約220m、南北約300m。
焼失と再建を繰り返した。

「藤壺」とよばれた
飛香舎《ひぎょうしゃ》

『源氏物語』で、光源氏が慕う継母の御殿とされたが、藤原道長の娘で実在の中宮・彰子もここを賜っていた。「藤壺」は前栽の樹木にちなむ。

天神様が祟ったという
清涼殿《せいりょうでん》

天皇の日常の住まいで寝室や料理室も備えていた。菅原道真《すがわらのみちざね》が死後、怨霊となって雷を落とした場所でもある。→P40

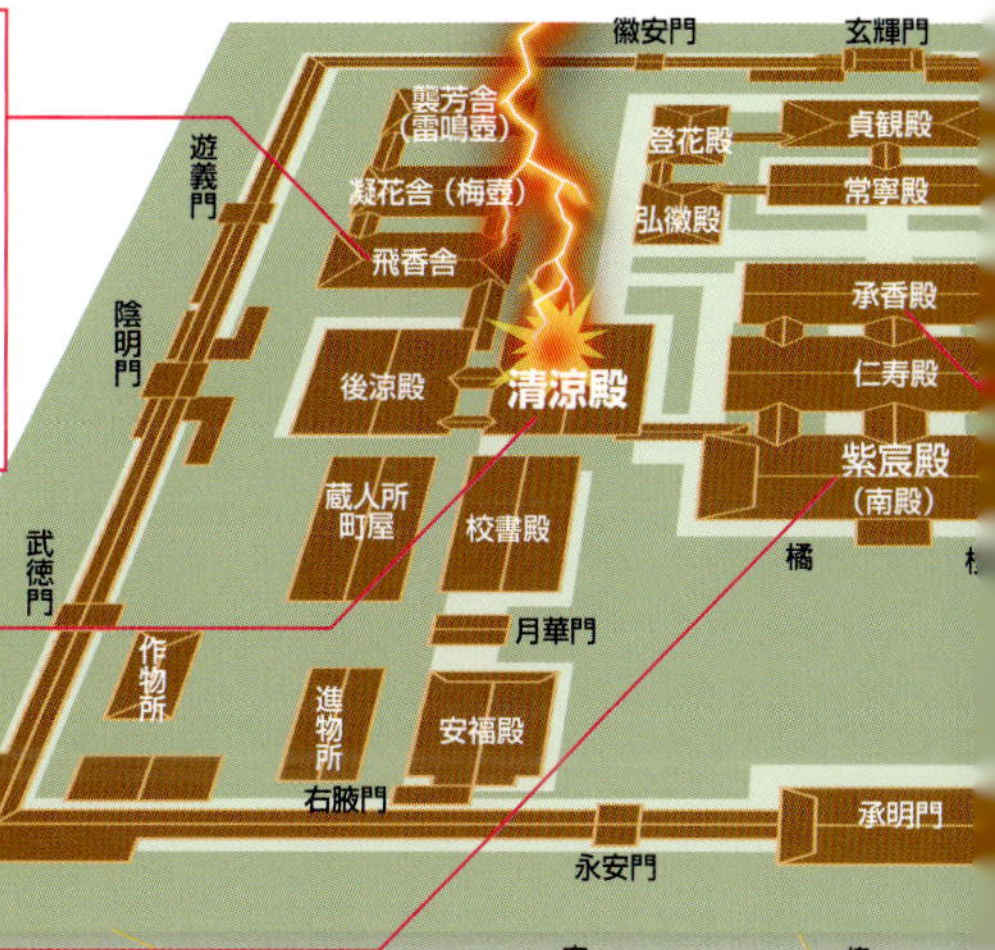

大内裏

東西約1.2km、南北約1.4km、
周囲は高さ約2mの築地塀で、
囲まれていたという。

内裏の心臓部
紫宸殿《ししんでん》

元旦の挨拶などを行なった内裏の正殿。「南殿《なでん》」ともよばれる。

失火の陰に謎と陰謀
応天門《おうてんもん》

重要儀式を行なった朝堂院《ちょうどういん》の正門。866年に焼失、いわゆる「応天門の変」で、藤原専制政治の序曲となった。

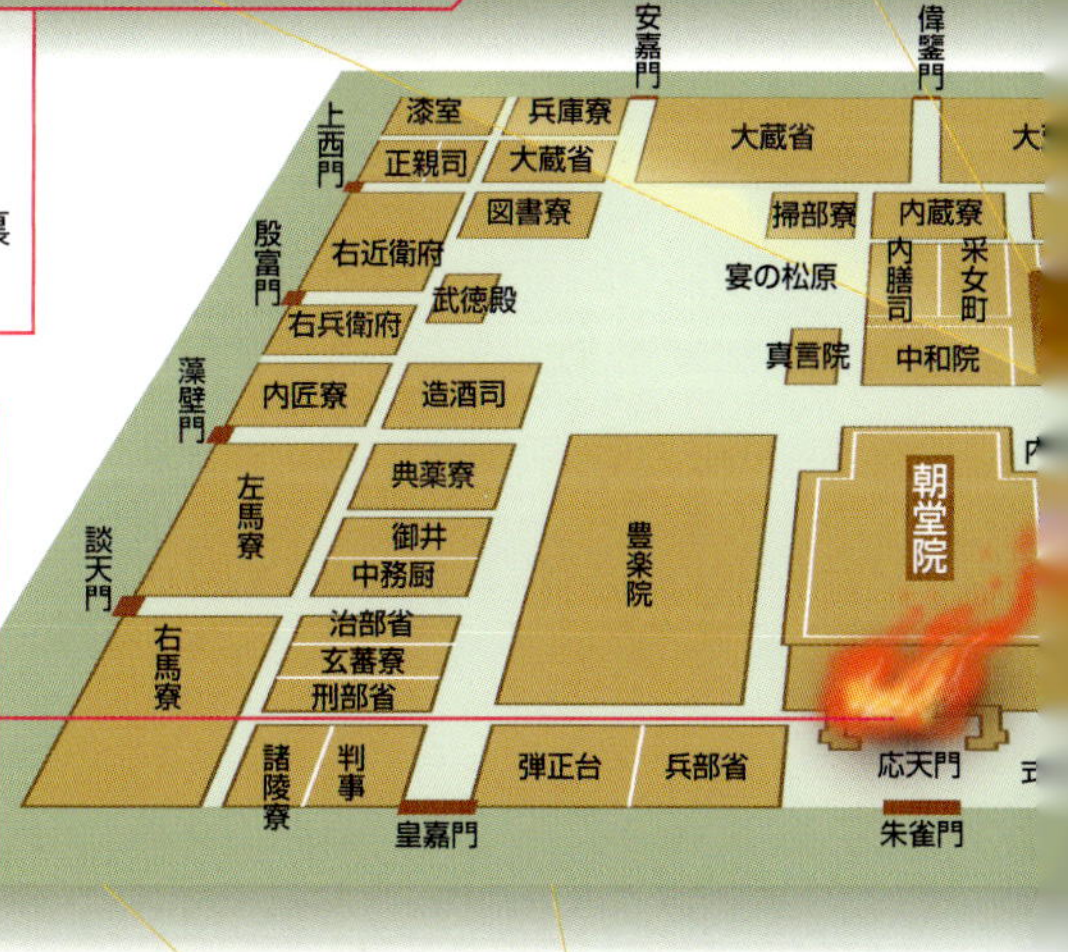

※「内裏」図と「大内裏」図は、おもに陽明文庫所蔵「宮城図」をもとに作成。

花山天皇誕生の地
一条院《いちじょういん》

藤原伊尹《これまさ》の邸宅。娘・懐子《かいし》が冷泉天皇の第1皇子をここで産み、やがて花山《かざん》天皇となった。一条天皇、後一条天皇の里内裏ともなる。

嵯峨天皇の離宮
冷泉院《れいぜいいん》

代々の天皇の離宮、または上皇(譲位した天皇)の御所として使われた。

初の「里内裏」
堀河院《ほりかわいん》

初の関白、藤原基経《もとつね》の邸宅が起源。円融天皇の時代に初の「里内裏」ともなる。道長にたたった顕光《あきみつ》も住み、白河《しらかわ》天皇以後は「院政」の舞台ともなる。

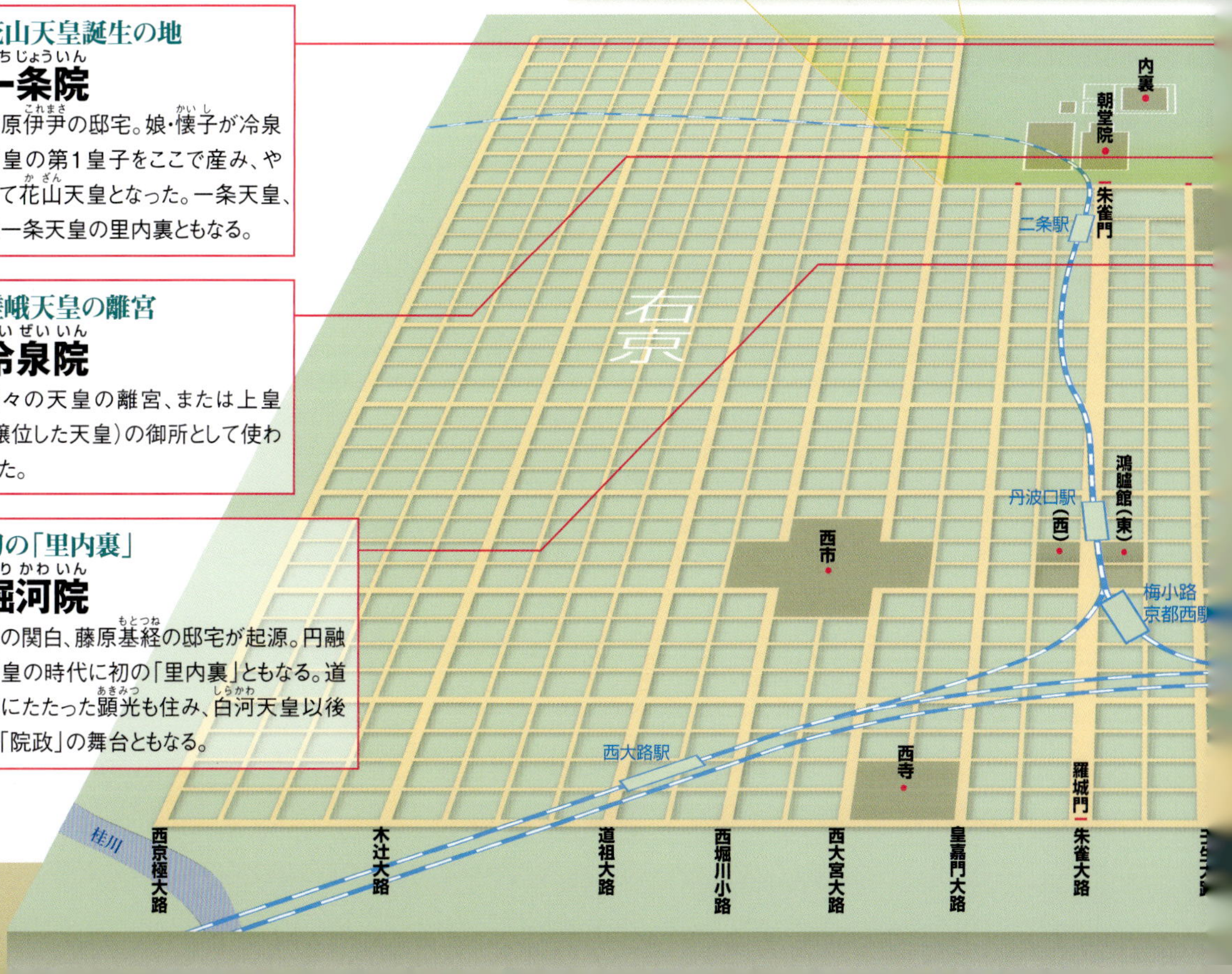

藤原氏の栄華と陰謀

平安時代は藤原氏の時代でもある。その栄華は、後宮に娘や姉妹を入れて天皇の外戚となり、摂政や関白に昇って朝廷の実権を掌握するシステムが不可欠だった。そのために、他の名家や有力な皇子はもとより、同族間であっても、ライバルたちを追い落とす権謀術数が渦巻いていた。

朝堂院正門で謎の失火 専制政治の序曲となった
応天門の変

866年（貞観《じょうがん》8）閏《うるう》3月、朝堂《ちょうどう》院《いん》の正門、応天門《おうてんもん》から火の手が上がり、全焼するという大事件が起きた。

直ちに大納言・伴善男《とものよしお》は左大臣・源信《みなもとのまこと》の放火と告発。これに対し、太《だい》政大臣《じょうだいじん》・藤原良房《よしふさ》は信に刑罰こそ科さなかったものの政界中枢から退かせ、騒動は収まるかにみえた。

だが、やがて「伴大納言こそ、放火した張本人」と密告する者が現れる。伴善男はこれを否定するが、結局伊豆へ流刑に処されてしまう。

事件の真相は不明だが、嵯峨《さが》天皇皇子でもあった信と、名門大伴氏の末裔で才気煥発の善男を、ともに葬り去ろうとする良房の謀略があったとも考えられる。この後、良房は、外孫・清和《せいわ》天皇を即位させ、皇族以外で初の摂政となって藤原氏専制の礎《いしずえ》を築いた。

なお、この事件を素材にした『伴大納言絵詞』（国宝）は、絵巻の傑作としてあまりに有名だ。

政治家の「涙」はいつでも流せる！
花山天皇出家事件

986年（寛和2）6月、花山《かざん》天皇は突然内裏から姿を消した。最愛の女御《にょうご》・忯子《しし》を亡くし失意にあった天皇は、藤原道兼《みちかね》から、ともに出家しようと誘い出されたのである。

『大鏡』によれば、天皇は女御の手紙を取りに帰りたいと言い出すが、道兼は、うそ泣きまでして先を急がせ、大内裏を一緒に脱出したという。

山科の元慶寺《がんぎょうじ》に到着後、天皇は直ちに剃髪。だが、道兼は親に挨拶をして来ると寺を出て、戻らなかった。すべては道兼の父・兼家の策謀であった。天皇在位は2年、19歳での出家である。兼家の外孫で6歳になったばかりの懐仁《やすひと》親王が即位し（一条天皇）、兼家自身は摂政、やがて関白となって朝廷の実権を握った。

有力な後ろ盾を次々に失った、清少納言の主人
皇后定子

『枕草紙絵巻』に描かれた中宮定子（右）

藤原道隆の娘・定子《ていし》は、990年（正暦元）、一条天皇の元服に際し、15歳で入内《じゅだい》した。定子に仕えた清少納《せいしょうな》言《ごん》は、美しく聡明な定子に対する天皇の寵愛ぶりを『枕草子』に誇らしげに書き綴っている。

順風に思われた定子だが、父・道《みち》隆《たか》の病死で運命が一変する。頼みとした兄の伊周《これちか》も失脚し、落胆した定子は、ついに内裏を出て落飾。だが、再び入内を促され、第1皇子・敦康《あつやす》親王を出産するという数奇な人生をたどった。

しかし、まもなく道長の娘・彰子《しょうし》が中宮となり、道長一門の全盛下、定子は名ばかりの皇后となった。やがて皇女を出産して間もなく、この世を去った。24歳の若さであった。

道長政権を確立させた2人の女性
詮子と彰子

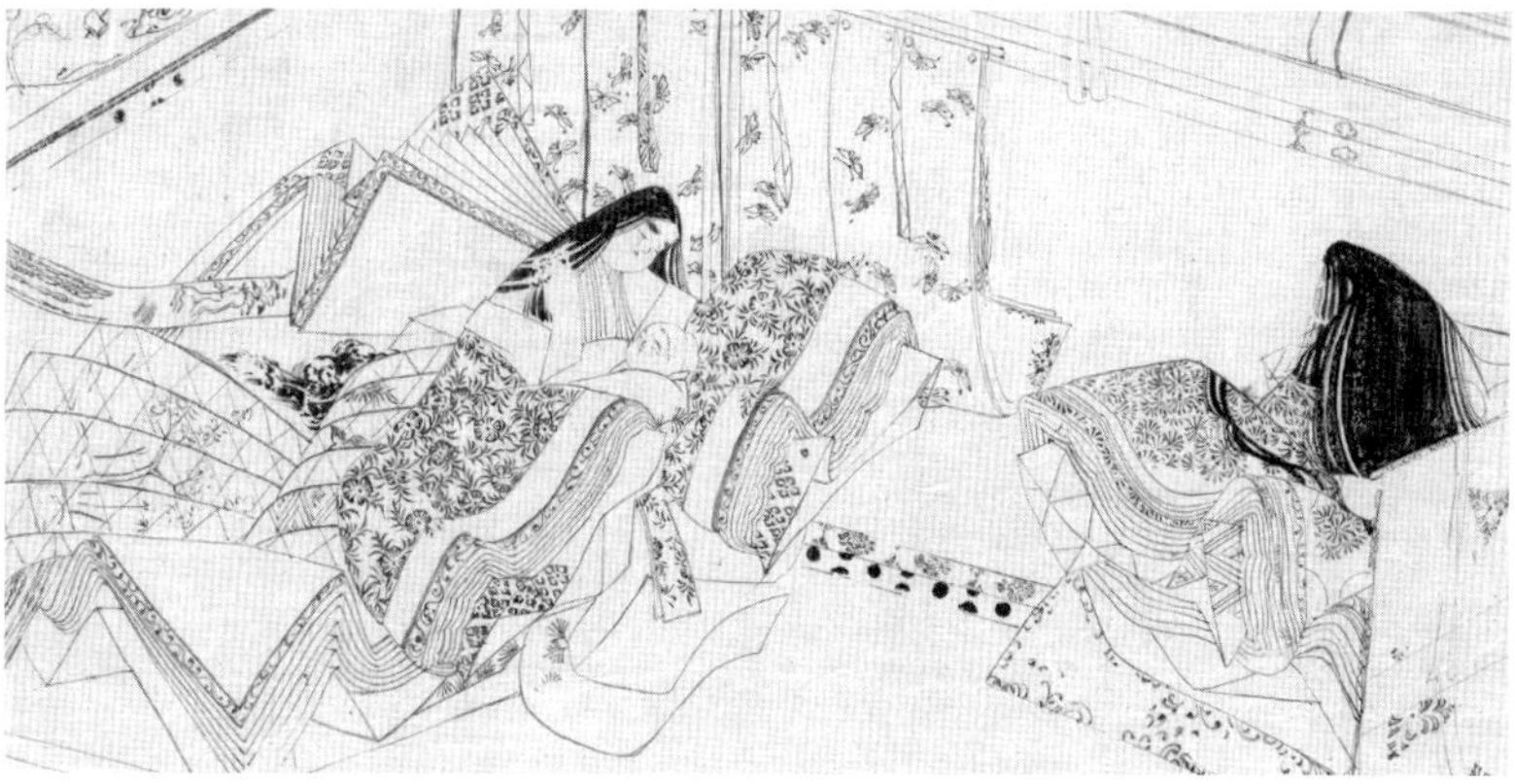

藤原道長の邸宅のひとつ、土御門殿で、一門の運命を握る皇子（敦成親王）を抱く道長夫人の倫子と、道長の娘・彰子。『紫式部日記絵詞』より

藤原道長の姉・詮子《せんし》は、978年（天元元）、円融《えんゆう》天皇に入内《じゅだい》、第1皇子・懐仁《やすひと》親王を出産した。986年（寛和2）、親王が即位すると（一条天皇）、詮子は皇太后に冊立《さくりつ》。5年後円融院崩御に際して出家し、上皇に準ずる史上初の女院宣旨《せんじ》を受け、住まいの名から「東三条院」と称した。弟の道長と甥の伊周《これちか》の権力争いの最盛期には、毎晩一条天皇に道長に肩入れするよう説得したという。

道長の長女・彰子は、999年（長保元）、12歳でいとこにあたる一条天皇のもとに入内し、中宮となった。9年後、彰子は第2皇子・敦成《あつなり》親王を出産（第1皇子は定子が産んだ敦《あつ》康《やす》親王）。当時、彰子のもとに出仕していた紫式部は、皇子誕生の喜びに沸く土御門《つちみかどどの》殿の様子を鮮やかに書き留めている。

一条天皇崩御、三条天皇譲位で、1016年（長和5）、敦成親王は9歳で後一条天皇に即位する。このとき皇太子は、彰子が産んだ一条天皇の第3皇子・敦良《あつよし》親王であった。

こうして道長は、次々と天皇の外祖父となり、さらに後一条天皇のもとに三女・威子《いし》を入内させて、藤原氏全盛期を築いたのである。

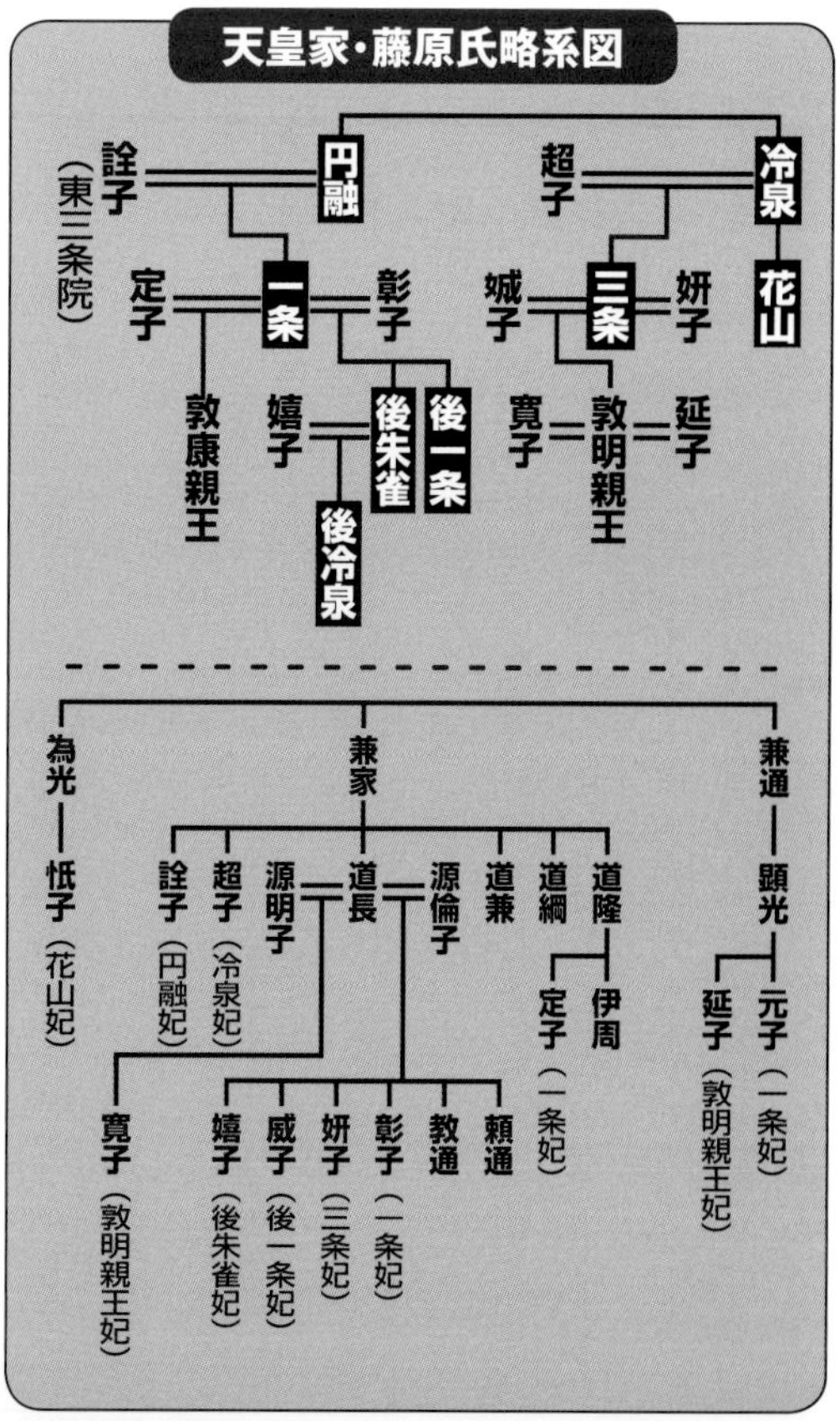

道長の栄華の陰で怨みを募らせた
悪霊左大臣

堀河院に住み「堀河の大臣《おとど》」ともよばれた藤原顕光《あきみつ》。道長が左大臣の時に右大臣で、両家は父の世代（兼通《かねみち》と兼家《かねいえ》）以来の宿敵だった。

しかし、期待をこめて一条天皇の後宮に入れ、承香殿《じょうきょうでん》の女御とよばれた長女・元子には皇子は生まれず、次女・延子が嫁いだ敦明《あつあきら》親王（三条天皇皇子）は道長を恐れ、皇太子を辞退。さらに元子は一条天皇没後、他の貴族と密かに情を交わし、激怒した顕光に髪を切られ、延子は敦明親王が道長の婿となったのを怨み早世する。

こうして天皇外戚としての実権を持てなかった顕光は、死後長く道長一門に祟《たた》り、「悪霊《あくりょう》左大臣」として恐れられたという。『宇治拾遺《うじしゅうい》物語』には、道長を呪詛《じゅそ》しようとした老法師の企みを陰陽師安倍晴明《あべのせいめい》が事前に見破った話があり、その黒幕は顕光とされている。

古寺を訪ねる

この世に「浄土」を再現した 藤原氏ゆかりの寺 平等院《びょうどういん》

両翼の均衡美に加えて、水面に映える対称美も華麗な鳳凰堂

両翼を広げる美しい鳳凰の姿

平等院には、石畳の参道を通り、境内北側の表門から入る。阿字池《あじいけ》を目指して歩き、右回りに池を回り込むと、鳳凰堂《ほうおうどう》（国宝）がその全容をあらわす。

鳳凰堂は東を向いて立っている。朝日を浴びて阿字池に映るお堂は、息をのむ美しさだ。中堂の屋根上には鳳凰が一対、翼を広げ、中堂正面の格子戸に開いた円窓からは、阿弥陀如来《あみだにょらい》のご尊顔が浮かびあがる。まさに極楽浄土を思わせる風景である。

この地は、かつて光源氏のモデルといわれている源融《みなもとのとおる》が築いた別荘だった。その後、ときの権力者藤原道長《みちなが》が譲り受け、その子頼通《よりみち》が、これを仏寺に改めた。

鳳凰堂が落成したのはその翌年。中堂の左右に翼廊《よくろう》が広がり、建物そのものが、当時の平安貴族があこがれた極楽浄土の宮殿を模している。中世以降のたび重なる戦禍を奇跡的にのがれて、平等院のなかで唯一、創建時の姿を私たちに見せてくれるのがこの鳳凰堂だ。池の水面に幻想的な影を落とすこの鳳凰堂を見て、極楽浄土を心に浮かべた平安貴族たちの切なる思いが伝わってくるようである。

中堂には平安時代最高の仏師、定朝《じょうちょう》の手になる阿弥陀如来坐像《あみだにょらいざぞう》（国宝）が安置されている。半眼《はんがん》で結跏趺坐《けっかふざ》し、定印《じょういん》を結んだ姿で、訪れる人々を優しく見下ろしている。

飛天像《ひてんぞう》を随所に施した光背や、宝相華《ほうそうげ》などの文様を刻んだ緻密できらびやかな天蓋《てんがい》（国宝）も必見だ。

ミュージアム鳳翔館で見られる寺宝の数々

鳳凰堂の拝観を終えたら、阿字池に沿って続く道をたどり、鳳翔館《ほうしょうかん》へ。2001年に完成したミュージアムで、平等院の寺宝の多くをここで拝観することができる。

特に必見なのが、木彫の雲中供養菩薩像《うんちゅうくようぼさつぞう》

浄土院《じょうどいん》

浄土宗の栄久上人《えいくしょうにん》が15世紀に開創と伝えられ、阿弥陀如来像などが安置されている。養林庵《ようりんあん》書院（重文・非公開）には、狩野山雪《かのうさんせつ》作とみられる障壁画が描かれている。

鳳凰堂《ほうおうどう》　国宝

本尊、阿弥陀如来坐像が安置される中堂の両側に翼廊、背後に尾廊が配され、翼を広げた鳳凰の姿にみえる。

最勝院《さいしょういん》

平等院塔頭《たっちゅう》のひとつ。不動堂には不動明王像や役行者《えんのぎょうじゃ》像《ぞう》などが納められている。

庭園　国特別史跡・国特別名勝

阿字池の中島に鳳凰堂を置き、中心とした浄土式庭園。「観無量寿経《かんむりょうじゅきょう》」に説く極楽浄土の宝池を立体的、視覚的にあらわしたものである。

観音堂《かんのんどう》　重文

鎌倉時代に入ってから建てられたもので、本尊の十一面観音立像（重文）は鳳翔館でみられる。宇治川の戦いで源頼政が軍扇を敷いて自刃したと伝えられる「扇の芝」はこの北側にある。

赤字　国宝建造物
青字　重要文化財建造物

朝日山平等院《あさひさんびょうどういん》

【宗派】既成宗派に属さない単立寺院
【創建】1052年（永承7）

◆アクセス

京都府宇治市宇治蓮華116
電話：0774-21-2861
交通：JR奈良線宇治駅より徒歩約10分、または京阪電鉄宇治線宇治駅より徒歩約10分。

（国宝）だ。雲に乗り、浄土の世界を飛翔《ひしょう》して演奏し、または舞い踊り、阿弥陀如来を讃える菩薩の群像。本来は中堂の阿弥陀如来を囲むように52体が壁面に掲げられていた。うち26体が館内「雲中の間」に安置されている。中堂の屋根に置かれている鳳凰のオリジナル（国宝）、十一面観音立像《かんのんりゅうぞう》（重文）、地蔵菩薩立像、天下三名鐘のひとつである梵鐘（国宝）なども見ておきたい。

初夏に咲く藤は有名だが、春は桜、そして阿字池に咲く睡蓮《すいれん》、秋は紅葉、冬は雪景色と、四季折々にさまざまな顔を見せて、拝観者を迎えてくれる。

宇治周辺をめぐる

藤原氏ゆかりの古寺と『源氏物語』の舞台へ

全54帖におよぶ大作『源氏物語』。宇治は、その後半10章、いわゆる「宇治《うじ》十帖《じゅうじょう》」の舞台に選ばれた地だ。川沿いに残る藤原氏ゆかりの古寺を訪ねると、点在する古蹟がみやびな世界へといざなう。川沿いはまた、桜や紅葉の名所でもある。

宇治川沿いの古蹟をめぐる

JR宇治駅南口を出て突き当たりの商店街を左に折れると、やがてあらわれる大きな川が宇治川。手前にある紫式部像や『源氏物語』第54帖（最終章）「夢浮橋《ゆめのうきはし》」の古蹟を見たら、鳥居横からのびる**平等院《びょうどういん》**参道を進む。

拝観後は鳳翔館《ほうしょうかん》裏の南門から出て宇治川へ。正面の喜撰橋《きせんきょう》を渡ると塔の島だが、手前を川沿いに東へ向かうと第49帖「宿木《やどりぎ》」の古蹟がある。

塔の島から北へ進むと、橘島に出る。中程には木《き》會《そ》義仲《よしなか》と源義経《よしつね》とが争った宇治川の戦いにちなむ先陣之碑が立つ。朱塗りの朝霧橋を渡って**宇治神社**へ。右手の高台には、物語後半のヒロイン浮舟《うきふね》の命を救い、出家の願いを叶えた僧のモデルとされる恵心僧都《えしんそうず》ゆかりの恵心院が立つ。

神社を東に抜けると、すぐ先には、第48帖「早《さ》蕨《わらび》」の古蹟。すぐ先には、**宇治上《うじがみ》神社**が見える。平安時代から残る本殿や拝殿は、現存する日本最古の神社建築。王朝人の邸宅を連想させる優美な造りだ。物語では、八宮《はちのみや》の邸が立つ場所として描かれている。

花の名所の観音霊場へ

社の北、第47帖「総角《あげまき》」の碑を経て**宇治市源氏物語ミュージアム**に向かう。ここで物語をおさらいしたら、さらに北へ。翔英高校付近には、第52帖「蜻蛉《かげろう》」の古蹟がある。

歩を進めると、京阪三室戸《みむろと》駅からのびる参道と合流。東へ向かうと、**三室戸寺**に出る。杉に覆われた境内は、アジサイやツツジ、蓮《はす》、紅葉など、四季折々に美しい花の名所としても有名だ。本尊・千手《せんじゅ》観音《かんのん》菩薩《ぼさつ》を安置する本堂裏側には、第51帖「浮舟《うきふね》」の古蹟が立つ。

来た道を引き返して、府道7号へ。すぐの第53帖「手習《てならい》」の古蹟を見てから、京阪三室戸駅にゴールする。

『源氏物語』第51帖「浮舟」をイメージしたモニュメント

おすすめ探訪コース

所要時間 約4時間

※地図上の……ルート

宇治駅 JR奈良線 → 徒歩15分 → 平等院 → 徒歩5分 → 塔の島 → 徒歩5分 → 宇治神社 → 徒歩2分 → 宇治上神社 → 徒歩7分 → 宇治市源氏物語ミュージアム → 徒歩25分 → 三室戸寺 → 徒歩20分 → 三室戸駅 京阪宇治線

【アクセス】京都駅からJR奈良線で25分、宇治駅下車。**三室戸駅から**京阪宇治線で2分、黄檗駅下車、JR奈良線に乗り換え20分、京都駅下車

寺のまち京都と名僧たち

龍安寺

庶民を苦しみから救った
名僧ゆかりの古寺

現在、京都には1600ほどの寺院があるという。その多くは、奈良時代、おもに平城京を中心に栄えたそれまでの学問仏教とは異なり、平安時代以降に登場した新仏教の開祖たちに起源をもつ。「寺の町・京都」の原点をつくった名僧たちの足跡をたずねてみた。

知恩院

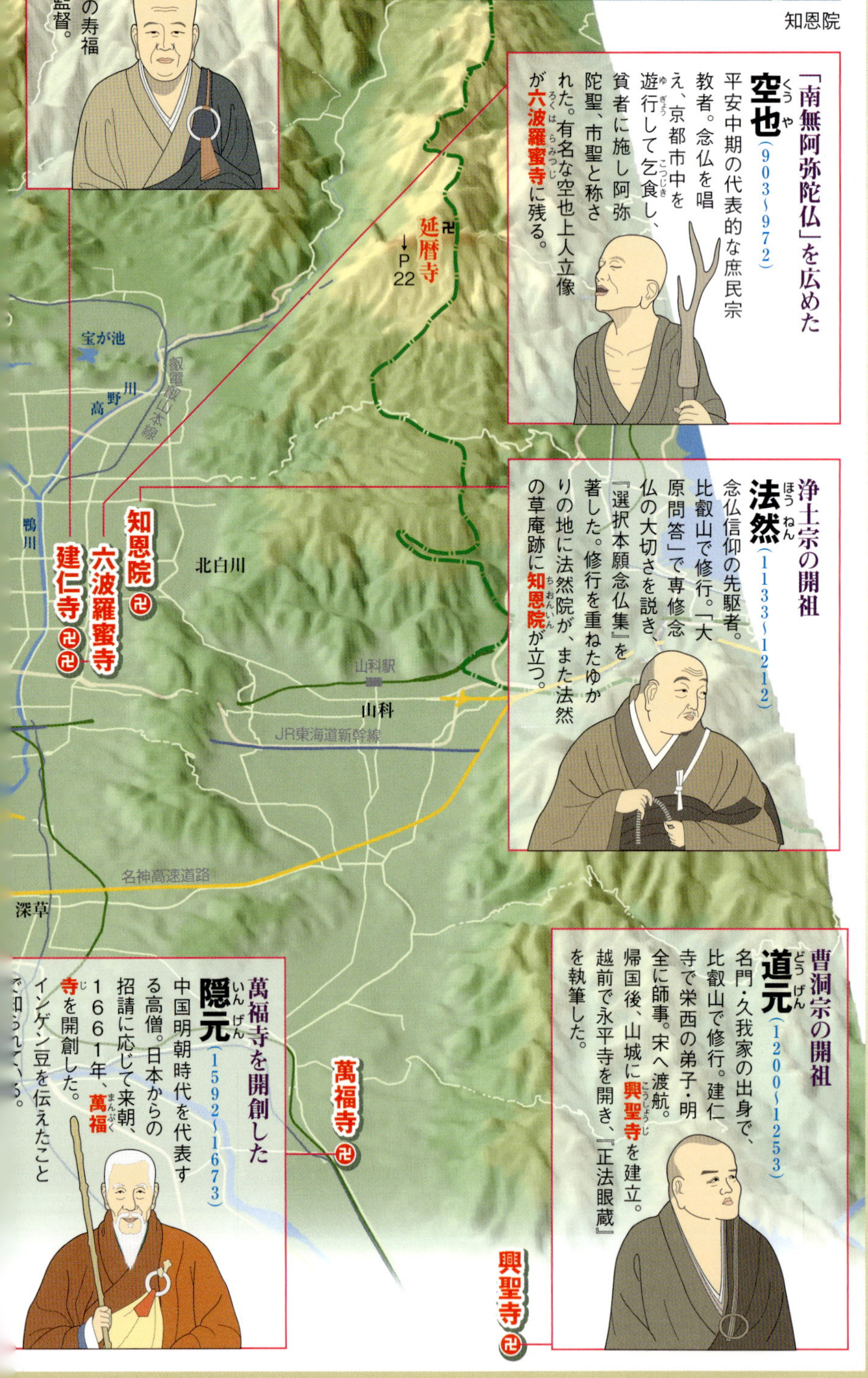

臨済宗の開祖
栄西《えいさい》（1141〜1215）
比叡山で密教を学び、二度の入宋で臨済宗を研究。博多や京都、鎌倉で禅を広めた。晩年は京都の**建仁寺**《けんにんじ》、鎌倉の寿福寺など禅宗の大伽藍の造営を監督。

「南無阿弥陀仏」を広めた
空也《くうや》（903〜972）
平安中期の代表的な庶民宗教者。念仏を唱え、京都市中を遊行《ゆぎょう》して乞食《こつじき》し、貧者に施し阿弥陀聖、市聖と称された。有名な空也上人立像が**六波羅蜜寺**《ろくはらみつじ》に残る。

浄土宗の開祖
法然《ほうねん》（1133〜1212）
念仏信仰の先駆者。比叡山で修行。「大原問答」で専修念仏の大切さを説き、『選択本願念仏集』を著した。修行を重ねたゆかりの地に法然院が、また法然の草庵跡に**知恩院**《ちおんいん》が立つ。

曹洞宗の開祖
道元《どうげん》（1200〜1253）
名門・久我家の出身で、比叡山で修行。建仁寺で栄西の弟子・明全に師事。宋へ渡航。帰国後、山城に**興聖寺**《こうしょうじ》を建立。越前で永平寺を開き、『正法眼蔵』を執筆した。

萬福寺を開創した
隠元《いんげん》（1592〜1673）
中国明朝時代を代表する高僧。日本からの招請に応じて来朝、1661年、**萬福寺**《まんぷくじ》を開創した。インゲン豆を伝えたことで知られている。

京の都で栄えた仏教

奈良時代に栄えた宗教にかわって、京都では平安時代に最《さい》澄《ちょう》によってひらかれた天台宗《てんだいしゅう》、空海《くうかい》によってひらかれた真言宗《しんごんしゅう》に加え、鎌倉時代に念仏を唱えることによって救われると説く、法然の浄土宗や親鸞の浄土真宗などの新仏教が誕生した。これらの新仏教は、庶民の間に浸透していった。

禅の本質に迫った風狂の僧

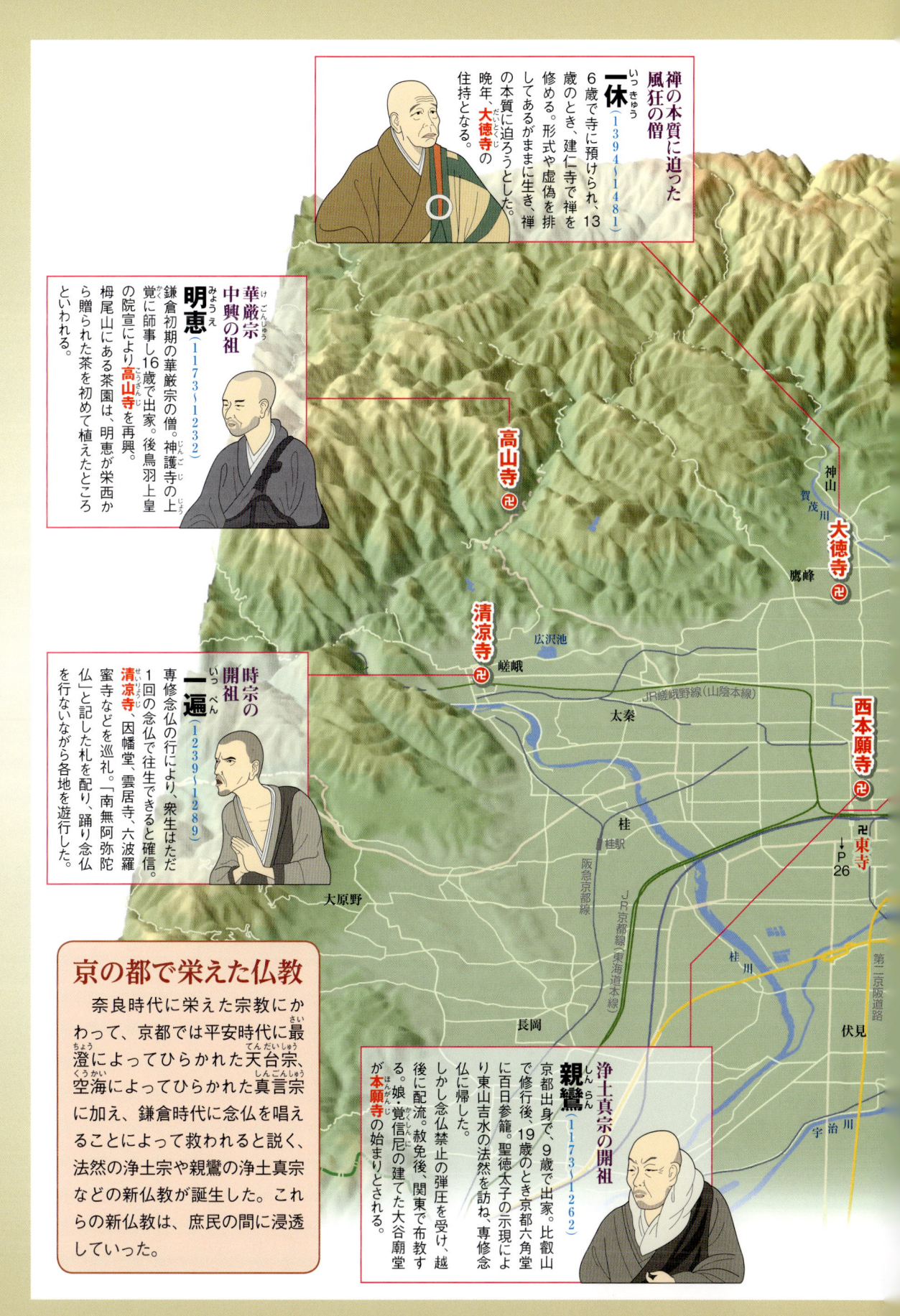

一休《いっきゅう》（1394〜1481）

6歳で寺に預けられ、13歳のとき、建仁寺で禅を修める。形式や虚偽を排してあるがままに生き、禅の本質に迫ろうとした。晩年、**大徳寺《だいとくじ》**の住持となる。

華厳宗《けごんしゅう》中興の祖

明恵《みょうえ》（1173〜1232）

鎌倉初期の華厳宗の僧。神護寺《じんごじ》の上《じょう》覚《かく》に師事し16歳で出家。後鳥羽上皇の院宣により**高山寺《こうざんじ》**を再興。栂尾山にある茶園は、明恵が栄西から贈られた茶を初めて植えたところといわれる。

時宗の開祖

一遍《いっぺん》（1239〜1289）

専修念仏の行により、衆生はただ1回の念仏で往生できると確信。**清凉寺《せいりょうじ》**、因幡堂、雲居寺、六波羅蜜寺などを巡礼。「南無阿弥陀仏」と記した札を配り、踊り念仏を行ないながら各地を遊行した。

浄土真宗の開祖

親鸞《しんらん》（1173〜1262）

京都出身で、9歳で出家。比叡山で修行後、19歳のとき京都六角堂に百日参籠。聖徳太子の示現により東山吉水の法然を訪ね、専修念仏に帰した。しかし念仏禁止の弾圧を受け、越後に配流。赦免後、関東で布教する。娘・覚信尼《かくしんに》の建てた大谷廟堂が**本願寺《ほんがんじ》**の始まりとされる。

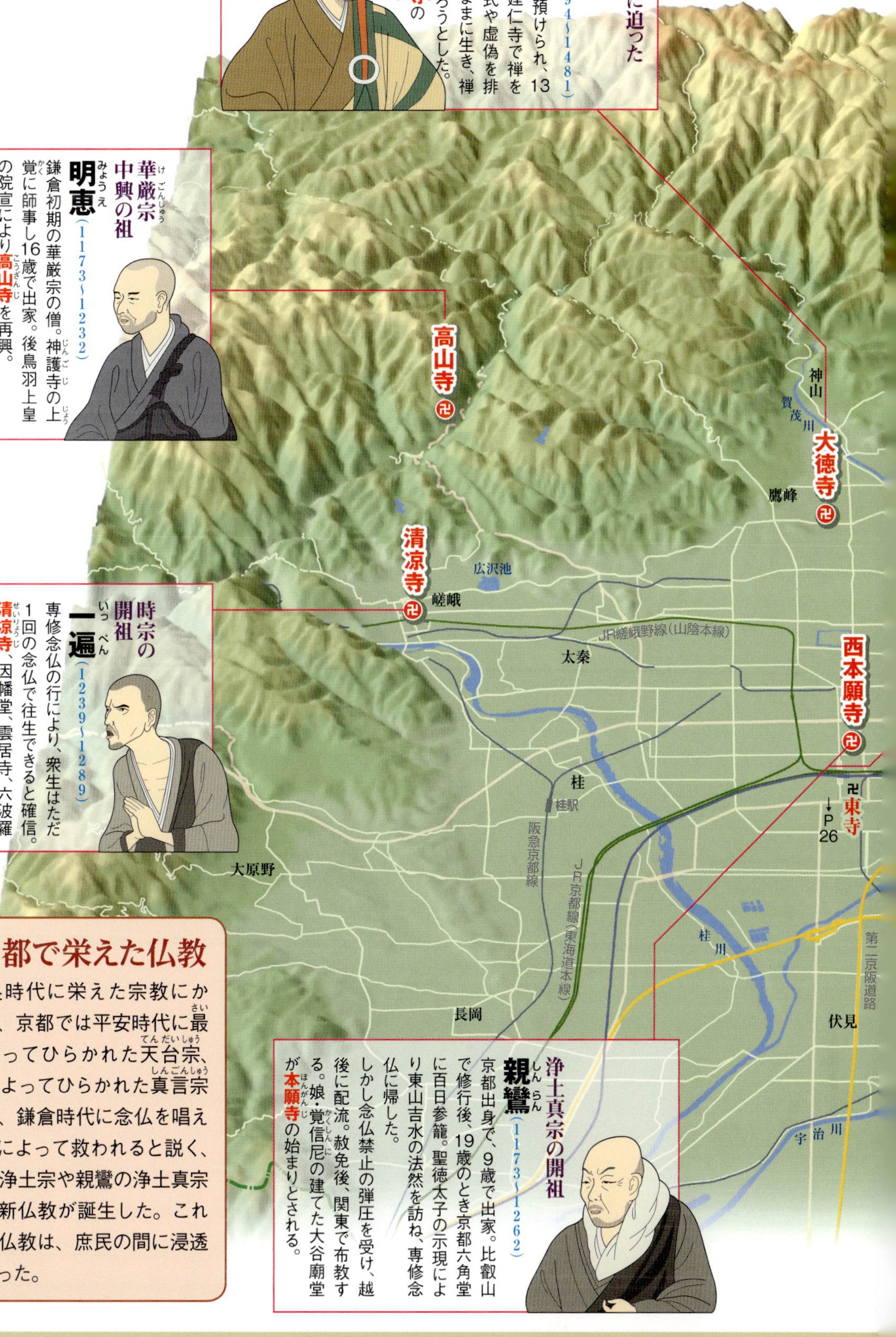

名僧ゆかりの古寺

平安時代、仏教は貴族の信仰で、庶民を救う宗派はほとんどなかった。しかし平安末期から鎌倉初期、庶民の苦しみを救おうとする僧侶がほぼ同時期に現れてきた。以後、寺院は修行の場だけでなく、癒しの場となって人々に開かれていく。今日、京都で目にする寺の多くはこの時代のものである。

人の集まる市の門に立って念仏と浄土信仰を勧めた空也上人の【六波羅蜜寺《ろくはらみつじ》】

六波羅蜜寺は、「市聖《いちのひじり》」とよばれた空也上人《くうやしょうにん》が951年（天暦《てんりゃく》5）に開いた西光寺《さいこうじ》を、のちに弟子が「六波羅蜜寺」と改名したもの。度重なる兵火を逃れた藤原・鎌倉時代の木造彫刻を中心に、数多くの重要文化財をもつが、なかでも有名なのが、運《うん》慶《けい》の四男康勝《こうしょう》作の空也上人像《くうやしょうにんぞう》だ。口から6体の小さな阿弥陀像《あみだぞう》を出すという特異な形で人目をひくが、これは、念仏の「南無阿弥陀仏《なむあみだぶつ》」の6文字を造形化したものだという。

このほか本堂には、悪疫《あくえき》退散を念じて空也が刻んだという本尊の十一面観音立像（国宝）が安置されており、12年に1回、辰年にのみ開帳されている。

西国三十三所観音霊場の第十七番札所。都七福神まいりのひとつ（弁《べん》財天《ざいてん》）。

山中に一人修行する「明恵上人樹上座禅像」で知られる明恵上人が開いた【高山寺《こうざんじ》】

栂尾《とがのお》の高山寺は、はじめ天台《てんだい》宗の寺として創建され、のちに明恵《みょうえ》上人が華厳宗《けごんしゅう》の根本道場として再興した。（現在は真言宗《しんごんしゅう》）

鳥羽僧正《とばそうじょう》筆と伝わるユーモラスな『鳥獣人物戯画《ちょうじゅうじんぶつぎが》』や、樹上で静かに座禅する明恵上人の姿を描いた『明恵上人樹上座禅《じゅじょうざぜん》像』（ともに国宝。展示は複製）などが有名で、同寺には国宝8点、重要文化財は約1万点所蔵されている。

境内には栄西《えいさい》が中国から持ち帰った茶の種を、明恵が栽培したという日本最古の茶園もある。寺のある一帯は国の史跡に指定され、春には桜、秋には紅葉が目を楽しませてくれる。世界遺産に登録されている古刹《こさつ》のひとつ。

日本「喫茶道」ここに始まる！栄西が建立した【建仁寺《けんにんじ》】

宗から茶種を持ち帰り、茶の栽培と普及に努めた栄西を顕彰する「茶碑」

1202年（建仁《けんにん》2）、日本禅宗の祖とされる栄西が創建した臨済宗建《けん》仁《にん》寺《じ》派の大本山。1386年（至徳《しとく》3）、京都五山の第3位となった名刹。詩文芸術に秀でた禅僧を輩出、五山《ござん》文学と称される文芸をつくりだした五山文学サロンでもあった。広々とした境内には重要文化財の勅使門《ちょくしもん》、三門、法堂《はっとう》、方丈《ほうじょう》が一直線に並び、京都最古の禅寺らしく静かで厳粛な雰囲気が漂う。

日本に茶をもたらした栄西にちなみ、毎年4月20日の降誕会には本坊で四頭茶会《よつがしらちゃかい》が催され、禅宗古来の茶法を披露。方丈裏には、秀吉の茶会で使われた茶室「東陽坊」も残る。俵屋宗達《たわらやそうたつ》の代表作『風神雷神図屏《ふうじんらいじんずびょう》風《ぶ》』（複製）が本坊に展示されている。

応仁の乱後
一休さんが再興した【大徳寺《だいとくじ》】

臨済宗大徳寺派の大本山。1319年（元応《げんおう》元）、大燈国師《だいとうこくし》が創建。かつては「本朝無双の禅苑」として京都五山（→P85）の上に置かれたが、応仁《おうにん》の乱で灰燼《かいじん》に帰した。

このとき荒廃した大徳寺を復興させたのが「一休《いっきゅう》さん」として後世の人に親しまれている一休宗純《そうじゅん》だった。彼は後《ご》小松《こまつ》天皇の落胤《らくいん》ともいわれる秘密の出生のためか世捨て人に近い生活を送っていたらしいが、その人柄にひかれる人は多く、新興の堺の町衆や越前の大名、朝倉氏などと交流を深めている。

彼が大徳寺の住持《じゅうじ》となったのは81歳のことである。それからは諸大名が建物や寺領を寄進。広大な境内に、22もの塔頭《たっちゅう》を擁する大寺院となった。豊臣秀吉がここで織田信長の葬儀を営んだことでも知られる。

金毛閣とよばれる三門は、千利休《せんのりきゅう》の援助によって完成したが、門の上層に利休の像を安置したことから秀吉の怒りを買い、利休切腹の一因となったといわれている。

多くの塔頭のうち、大仙院《だいせんいん》、龍源《りょうげん》院《いん》、瑞峯院《ずいほういん》、高桐院《こうとういん》の4つが常時拝観可。国宝の方丈は非公開だが、春と秋に特別公開される。

大徳寺の塔頭・高桐院の本堂前庭。利休七哲《りきゅうしちてつ》のひとりとしても知られる戦国武将・細川忠興《ただおき》（三斎《さんさい》）が創建。秋には紅葉が境内を彩る

中国・明代の雰囲気を色濃く残す
隠元禅師ゆかりの【萬福寺《まんぷくじ》】

屋根の反りなどにどことなく中国の香りがする萬福寺。金色に輝く布袋《ほてい》像もあって、さながら中国旅行気分

江戸初期に明《みん》から渡来した僧・隠《いん》元《げん》が1661年（寛文元）に建立した黄檗《おうばく》宗の大本山。江戸中期まで、おもに中国僧が住職を務めたことから、随所に明朝の文化が伝えられているのが特徴で、日本ではほかに例のない中国風禅宗伽藍の建築群として、主要建物23棟、回廊などが重要文化財に指定されている。

「卍《まんじ》くずし」の勾欄、「黄檗天井」とよばれるアーチ形の天井、魔除けとされる桃の実が彫られた「桃戸《ももど》」、食事の時間を知らせる「開梆《かいばん》」など、どれも異国情緒たっぷりで、三門、天王殿、大雄宝殿《だいおうほうでん》（本堂）、法堂など回廊でつながれた建物の配置は、中国明朝時代の建築様式を取り入れている。

寺内では隠元禅師が中国から伝えた中国風精進料理「普茶《ふちゃ》料理」が味わえるのも魅力のひとつ。

古寺を訪ねる

念仏が響きわたる法然上人ゆかりの知《ち》恩《おん》院《いん》

参拝者を圧倒する世界最大級の楼門

知恩院を訪れる人が、まず目にするのが三門《さんもん》である。誰でも、その幾何学的な美しさ、華頂山《かちょうざん》を背にしてそびえる偉容に感嘆せずにはいられないだろう。

現存するわが国最大級の楼門《ろうもん》であり、木造の楼門としては、世界最大級でもある。

通常は「山門」と表わすが、知恩院の場合は悟りに通ずる3つの解脱《げだつ》の境地（空・無相・無願）を表わす門（三解脱門）の意味で、「三門」と書き表わしている。

三門の楼上は仏堂となっており、釈迦牟尼仏像《しゃかむにぶつぞう》、十六羅漢像《じゅうろくらかんぞう》を安置している。また、天井や壁などには、狩野探幽《かのうたんゆう》一派による天女や飛龍が極彩色で描かれ、荘厳な雰囲気を生み出している。

国宝に指定されている三門。徳川秀忠によって建立された

また、院内には「知恩院の七不思議」とよばれる事物が点在しているが、そのひとつが、楼上内部に置かれた「白木の棺《ひつぎ》」である。棺の内部には、三門を建立した棟梁《とうりょう》、五味金右衛門《ごみきんえもん》夫妻の木像が安置されている。金右衛門は命がけで工事に当たったが、予算が超過し、夫妻はその責任をとって自刃したという。なお、三門内部は通常は非公開。特別公開時のみ拝観できる。

「知恩院の七不思議」はこのほかに、歩くと鶯《うぐいす》の鳴き声に似た音が出る、忍び返しともいわれる「鶯張りの廊下」、御影堂《みえいどう》正面の軒裏に置かれた「忘れ傘」、大方丈には菊の間の襖《ふすま》に描かれた「抜け雀《すずめ》」、廊下の杉戸に描かれた「三方正面《さんぽうしょうめん》真向《まむき》の猫」、入口廊下の梁《はり》に置かれた「大杓子《おおしゃくし》」、黒門下の路上には「瓜生石《うりゅうせき》」がある。

なお、「大殿《だいでん》」ともよばれる知恩院の中心をなすお堂である御影堂は２０１１年より大修理が行われ、２０２０年に修理が完了した。

大方丈《おおほうじょう》・小方丈《こほうじょう》　重文

いずれも徳川将軍の旅舎として建てられた。大方丈には快慶《かいけい》作とされる阿弥陀如来坐像や、狩野派一派による華麗な障壁画があり、小方丈もまた狩野派の手になる水墨画が見られる。

勢至堂《せいしどう》　重文

寺域の最も奥に位置する堂で、法然上人が入寂《にゅうじゃく》した大谷禅房の旧跡。1530年（享《きょう》禄《ろく》3）の建立で、知恩院最古の仏堂と伝えられる。内部の須弥壇には、法然上人の幼名勢至丸にゆかりの勢至菩薩を安置。

法然上人御廟《ほうねんしょうにんごびょう》

内部の須弥壇《しゅみだん》には法然上人の遺骨がまつられている。手前の拝殿から、向唐破風《むこうからはふ》の門越しに参拝することができる。

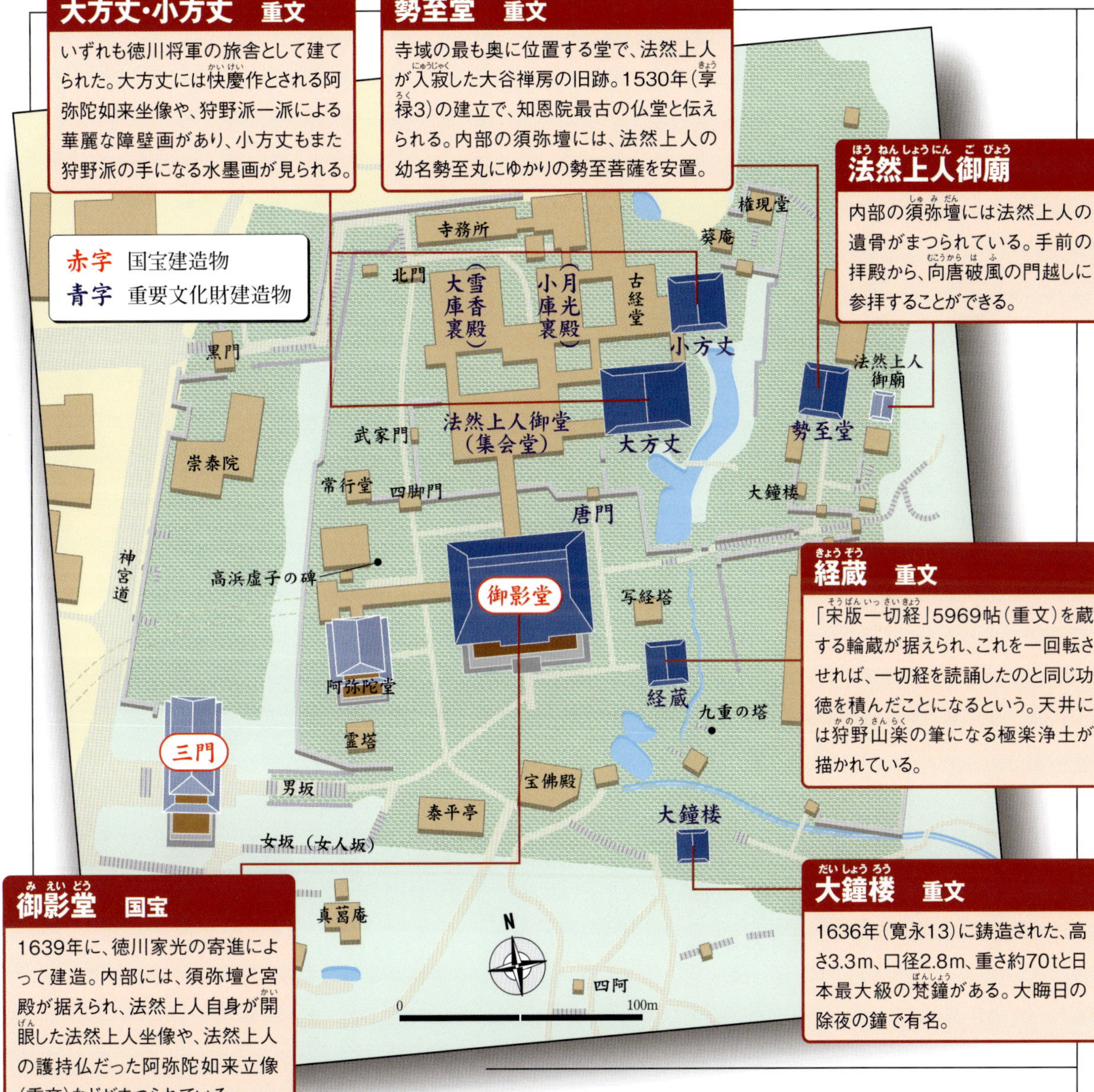

経蔵《きょうぞう》　重文

「宋版一切経《そうばんいっさいきょう》」5969帖（重文）を蔵する輪蔵が据えられ、これを一回転させれば、一切経を読誦したのと同じ功徳を積んだことになるという。天井には狩野山楽《かのうさんらく》の筆になる極楽浄土が描かれている。

大鐘楼《だいしょうろう》　重文

1636年（寛永13）に鋳造された、高さ3.3m、口径2.8m、重さ約70tと日本最大級の梵鐘《ぼんしょう》がある。大晦日の除夜の鐘で有名。

御影堂《みえいどう》　国宝

1639年に、徳川家光の寄進によって建造。内部には、須弥壇と宮殿が据えられ、法然上人自身が開《かい》眼《げん》した法然上人坐像や、法然上人の護持仏だった阿弥陀如来立像（重文）などがまつられている。

法然上人の教えが伝わる「お念仏のふるさと」

知恩院を開いたのは、浄土宗の開祖である法然上人《ほうねんしょうにん》。「南無阿弥陀仏」と一心に念仏を唱えれば、誰でも救われるという専修《せんじゅ》念仏の教えを説いた。

法然上人をより深く知りたいのであれば、かつての本堂である勢至堂《せいしどう》をぜひ参拝したい。知恩院発祥の地と伝わり、法然上人が終焉を迎えるまで教えを説いた場所だ。

広大な境内には常にお参りの人の波が絶えず、法然上人御堂《みどう》では毎日法話も行なわれ、上人の教えを今なおつないでいる。

華頂山知恩教院大谷寺《かちょうざんちおんきょういんおおたにでら》（知恩院）

【宗派】浄土宗総本山
【創建】1175年（承安5）

◆アクセス

京都府京都市東山区林下町400
電話：075-531-2111
交通：京都駅より市バスで知恩院前下車徒歩5分、または地下鉄東西線東山駅下車徒歩8分。

知恩院～平安神宮周辺

王朝文化の面影を伝える東山山麓

東山は鴨川《かもがわ》の東側、北の比叡山《ひえいざん》から南の稲荷山《いなりやま》に連なる山の総称。ここでは、祇園から岡崎にかけての見どころが多いエリアを歩く。

天皇ゆかりの社寺が続く

京阪本線祇園四条駅から四条通を東に向かえば、正面が八坂《やさか》神社。白河《しらかわ》法皇が祇《ぎ》園女御《おんにょうご》のもとへ向かう途中鬼に遭遇、それを平忠盛《ただもり》が、灯籠《とうろう》に火を入れる社僧と見破った逸話にちなむ忠盛灯籠がある。東には桜の名所として人気の**円山《まるやま》公園**。中央の祇園枝垂《しだ》れ桜は、京都屈指の銘木だ。

公園から東へ向かうと、建礼門院《けんれいもんいん》や安徳天皇ゆかりの**長楽寺《ちょうらくじ》**がある。戻って**知恩院**を拝観し、三門前の道を北へ向かう。代々皇族が住職を務めた**青蓮院門跡《しょうれんいんもんぜき》**があり、白壁の築地塀と親鸞《しんらん》聖人の手植えという楠《くすのき》の巨木が目をひく。さらに進み、三条通一筋手前の道を右折すると**粟田《あわた》神社**。大祭に用いられる剣鉾《けんぼこ》は祇園祭の山鉾の原形といわれる。参道を出て北へ向かい三条通を経て地下鉄東山駅へ。

池泉回遊式庭園が美しく、御所の趣を伝える青蓮院門跡

花の名所が多いエリア

地下鉄東西線蹴上《けあげ》駅の北側には、**インクライン**（傾斜鉄道）跡がある。琵琶湖疏水《びわこそすい》は、蹴上で急勾配となるため、斜面にレールを敷き、大津から来た船を台車に載せて往来させた。その史跡である。ここを北へ直進、最初の道を左折すると山縣有朋《やまがたありとも》の元別荘、**無鄰菴《むりんあん》**。東山を借景とし、琵琶湖疏水から水を引き入れた雄大な池《ち》泉回遊式《せんかいゆうしき》庭園が美しい。

少し戻り、橋を渡ると**南禅寺《なんぜんじ》**。もとは、亀山上皇の離宮。三門は、歌舞伎『楼門五三桐《さんもんごさんのきり》』で石川五《ご》右《え》衛門《もん》が「絶景かな」と見得を切る場面で知られるが、桜や紅葉の季節、楼上からの眺めはまさに絶景だ。境内西の静寂な道を北へ行くと右手に**永観《えいかん》堂《どう》**がある。平安時代、一帯は山里で、「奥山の岩垣もみぢ散りぬべし　照る日のひかり見る時なくて」と、『古今和歌集』に詠《よ》まれている。

さらに北へ向かい、丸太町通《まるたまちどおり》を西に、岡崎通で左折すると一帯は**岡崎公園**。北側には平安神宮が華麗な姿を見せる。朱塗りの楼門と大極殿は、平安京大内裏朝堂院《ちょうどういん》に建っていた原型を8分の5に縮小復元したもの。神苑はアヤメ、花ショウブなども美しいが、約150本の八重紅枝垂桜の季節は多くの人が訪れる。

北へ行き春日北通を左折すると修験道で知られる門跡寺院・**聖護院《しょうごいん》**が立つ。1788年（天明8）の京都御所火災の際、光格《こうかく》天皇の仮御所ともなった由緒ある名刹。丸太町通を西に進めば神宮丸太町駅だ。

おすすめ探訪コース

所要時間　約3.5時間

※地図上の ― ルート

祇園四条駅　京阪本線
徒歩8分
八坂神社
徒歩すぐ
円山公園
徒歩2分
長楽寺
徒歩10分
知恩院
徒歩8分
青蓮院門跡
徒歩10分
粟田神社
徒歩20分
東山駅　地下鉄東西線

【アクセス】京都駅からJR奈良線で2分、東福寺駅下車、京阪本線に乗り換え6分、京阪祇園四条駅下車。**東山駅から**地下鉄東西線で6分、烏丸御池駅下車、地下鉄烏丸線に乗り換え6分、京都駅下車。

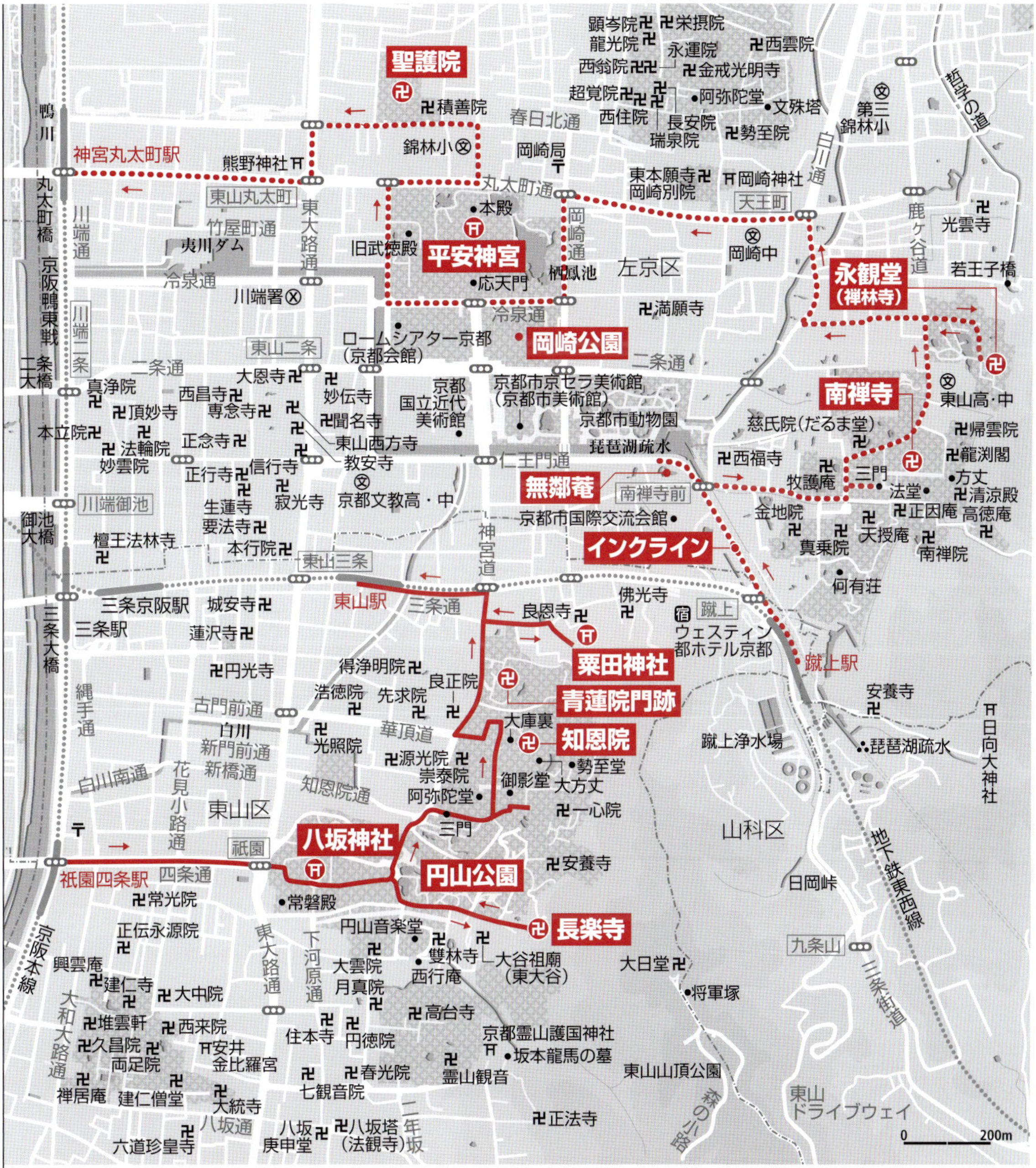

おすすめ探訪コース

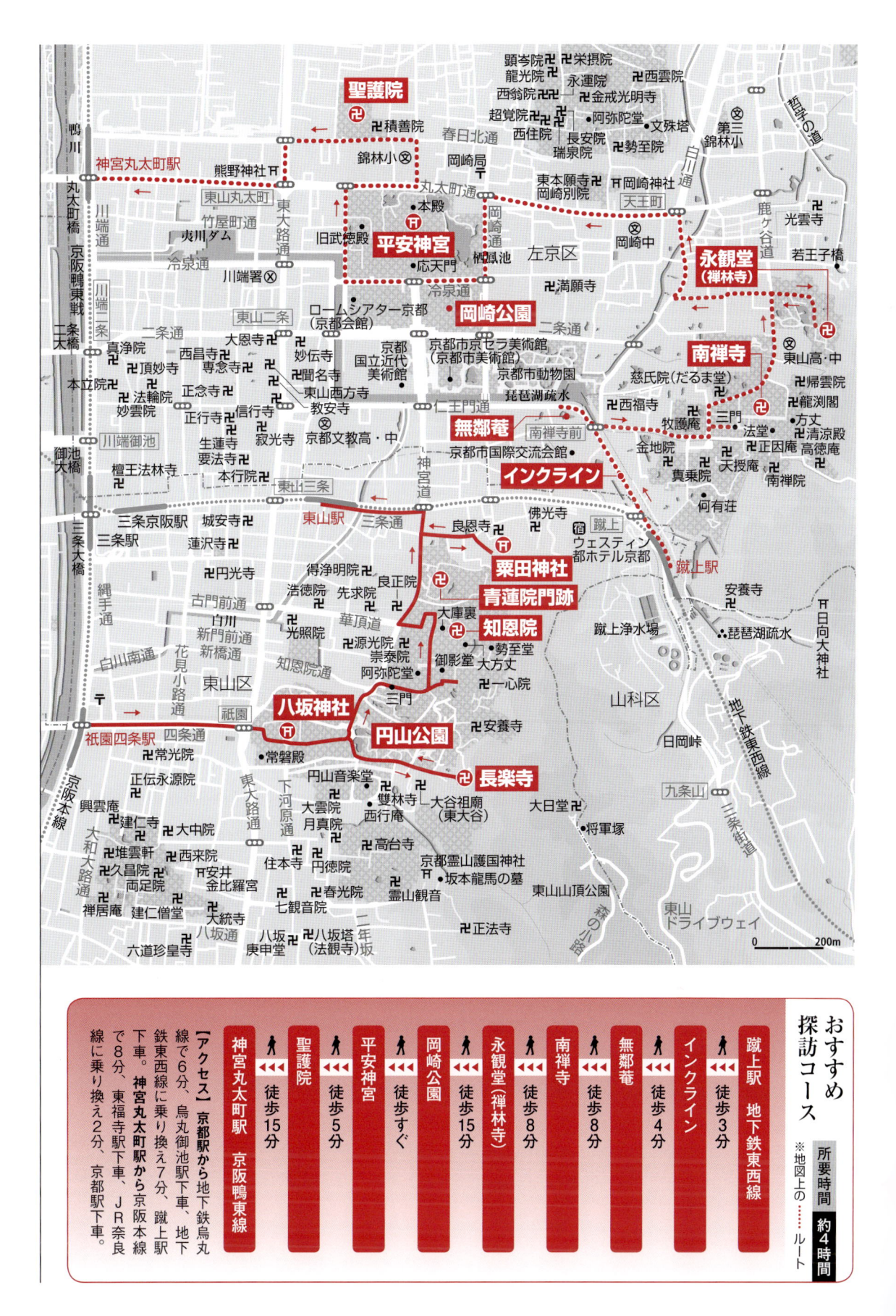

所要時間 約4時間

※地図上の……ルート

蹴上駅 地下鉄東西線

徒歩3分

インクライン

徒歩4分

無鄰菴

徒歩8分

南禅寺

徒歩8分

永観堂（禅林寺）

徒歩15分

岡崎公園

徒歩すぐ

平安神宮

徒歩5分

聖護院

徒歩15分

神宮丸太町駅 京阪鴨東線

【アクセス】**京都駅から**地下鉄烏丸線で6分、烏丸御池駅下車、地下鉄東西線に乗り換え7分、蹴上駅下車。**神宮丸太町駅から**京阪本線で8分、東福寺駅下車、JR奈良線に乗り換え2分、京都駅下車。

古寺を訪ねる

民衆を救う「他力」の教え 親鸞を宗祖とする
西《にし》本《ほん》願《がん》寺《じ》 東《ひがし》本《ほん》願《がん》寺《じ》

西本願寺の唐門（国宝）は伏見城の遺構

創建の地から数度におよぶ移転、そして東西に分裂

西本願寺も東本願寺も、京都駅のすぐ北に位置する。もとはひとつの寺院であり、親鸞聖人《しんらんしょうにん》の没後10年、娘の覚信尼《かくしんに》が廟堂《びょうどう》を東山の大谷に建てたことに始まる。

本願寺は受難の道を歩んでいる。室町中期、8代宗主・蓮如《れんにょ》が積極的に教化に乗り出し信徒を飛躍的に増やしたが、延暦寺《えんりゃくじ》の反感を買い、堂宇《どうう》は破壊されてしまう。

11代宗主・顕如《けんにょ》の時代には織田信長と対立し、その争いは11年におよんだ。この間、東山大谷から山科《やましな》、大坂（大阪）石山、紀伊鷺《さぎ》ノ森《もり》などに移り、1591年（天正19）、豊臣秀吉の寄進を受けて、京都六条堀川に寺基を定めたのである。

東西に分かれたのは、1602年（慶長7）のことである。顕如没後、徳川家康より烏丸《からすま》六条の地の寄進を受けた教如《きょうにょ》は、この地に一寺を創立した。これが現在の東本願寺だ。六条堀川の本願寺は准如《じゅんにょ》を宗主とし西本願寺とよばれるようになった。

伽藍、寺宝と見どころの多い西本願寺 東本願寺は別邸の渉成園も必見

西本願寺には親鸞聖人像を安置する御影《ごえい》堂《どう》（国宝）をはじめ、京都三名閣*のひとつ・飛雲閣《ひうんかく》（国宝）、本尊である阿弥陀如来像を安置する阿弥陀《あみだ》堂《どう》（本堂／国宝、内陣は修復中。2022年完了予定）、桃山文化を代表する唐門《からもん》（国宝）や書院（国宝）など、見どころは多い。

東本願寺の総門は、烏丸《からすま》通《どおり》に面した御影堂門。ここをくぐると、正面に壮大な規模を誇る御影堂、左手に阿弥陀堂が並び、両堂の前は白洲が広がる清浄な空間だ。

いずれも、明治期にのべ200万人の手

＊金閣、銀閣、飛雲閣

阿弥陀堂　国宝

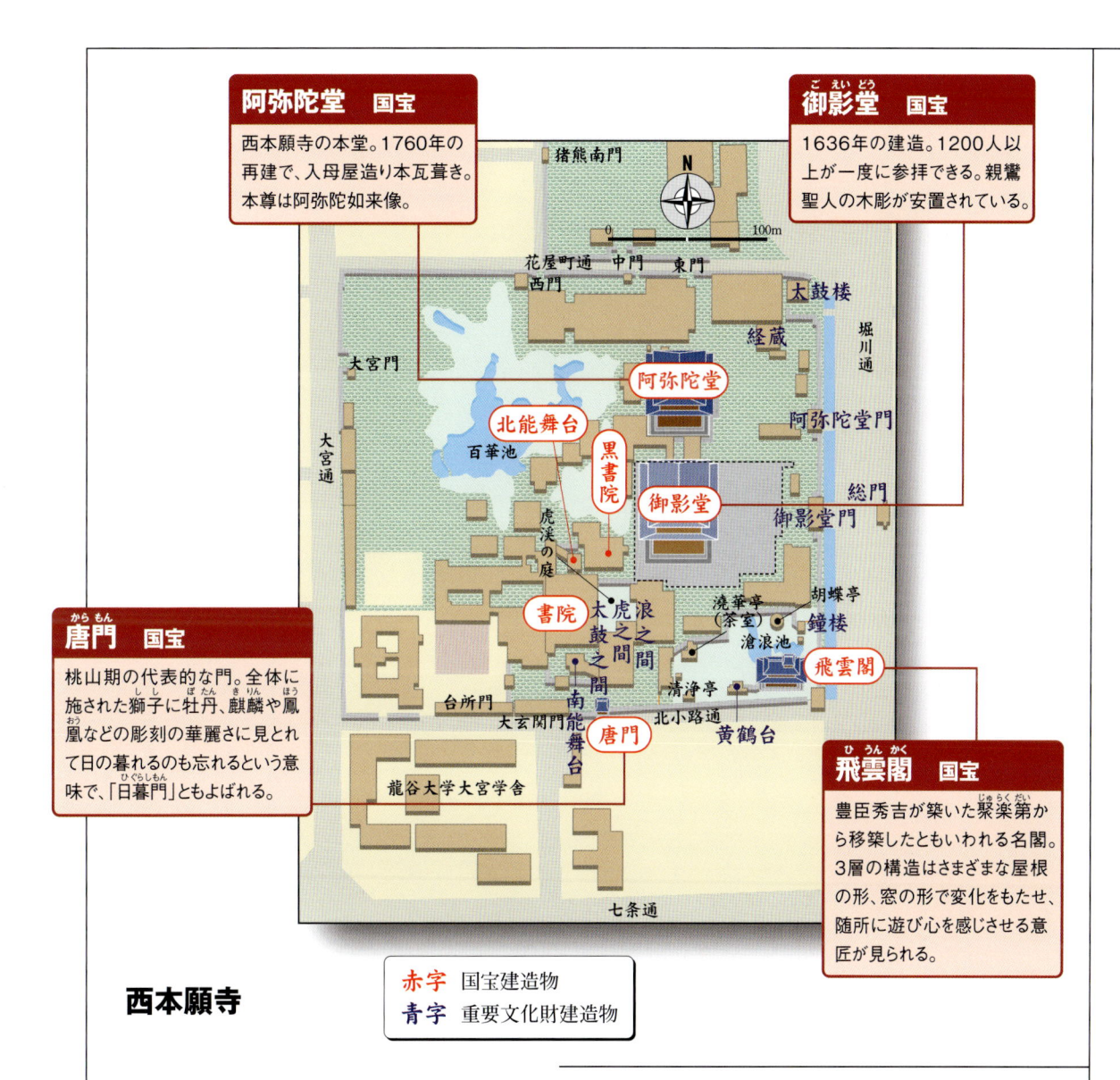

西本願寺の本堂。1760年の再建で、入母屋造り本瓦葺き。本尊は阿弥陀如来像。

御影堂《ごえいどう》　国宝

1636年の建造。1200人以上が一度に参拝できる。親鸞聖人の木彫が安置されている。

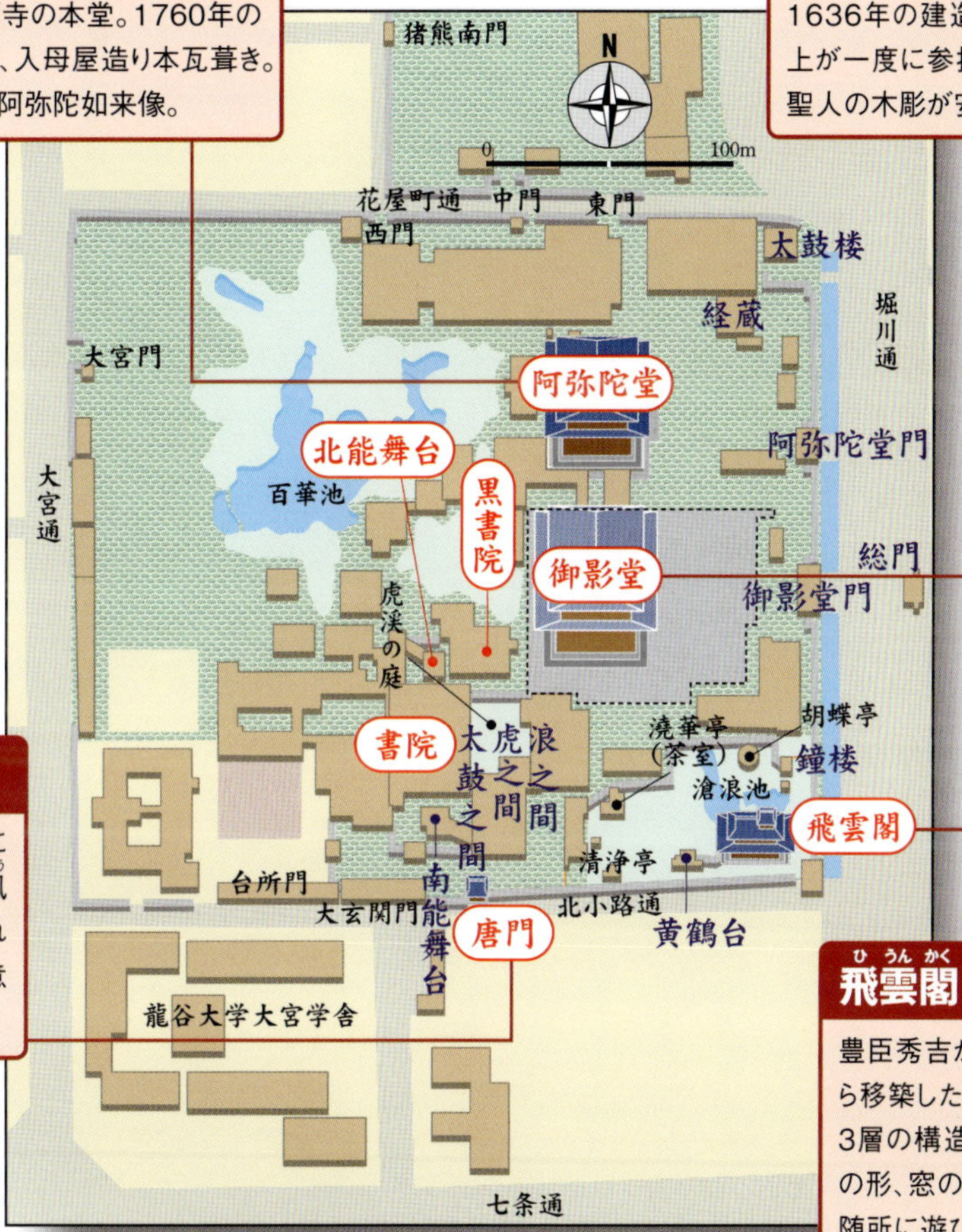

唐門《からもん》　国宝

桃山期の代表的な門。全体に施された獅子《しし》に牡丹《ぼたん》、麒麟《きりん》や鳳《ほう》凰《おう》などの彫刻の華麗さに見とれて日の暮れるのも忘れるという意味で、「日暮門《ひぐらしもん》」ともよばれる。

飛雲閣《ひうんかく》　国宝

豊臣秀吉が築いた聚楽第《じゅらくだい》から移築したともいわれる名閣。3層の構造はさまざまな屋根の形、窓の形で変化をもたせ、随所に遊び心を感じさせる意匠が見られる。

西本願寺

赤字　国宝建造物
青字　重要文化財建造物

によって再建されたもので、再建から100年を超えた両堂は、すでに古寺の風格をまとっている。

烏丸通をはさんで東には、東本願寺の飛地境内地（別邸）で、国の名勝に指定されている渉成園《しょうせいえん》がある。周囲にカラタチ（枳殻）が植えてあったことから、「枳殻邸《きこくてい》」ともよばれる。平安前期の左大臣で、光源氏のモデルとされた源融《みなもとのとおる》の邸宅、河原院《かわらのいん》（鴨川沿いにあった）の遺構といわれ、後に徳川家光より土地を寄進され、石川丈山《じょうざん》が作庭した。印月池《いんげつち》には島や橋が配され、四季を通じて風雅な眺めが楽しめる。

龍谷山本願寺《りゅうこくさんほんがんじ》（西本願寺）

【宗派】浄土真宗本願寺派
【創建】1272年（文永9）

◆西本願寺アクセス

京都府京都市下京区堀川通花屋町下ル
電話：075-371-5181
交通：市バス西本願寺前下車すぐ、またはJR京都駅より徒歩約15分、または地下鉄五条駅より徒歩約10分。

東本願寺

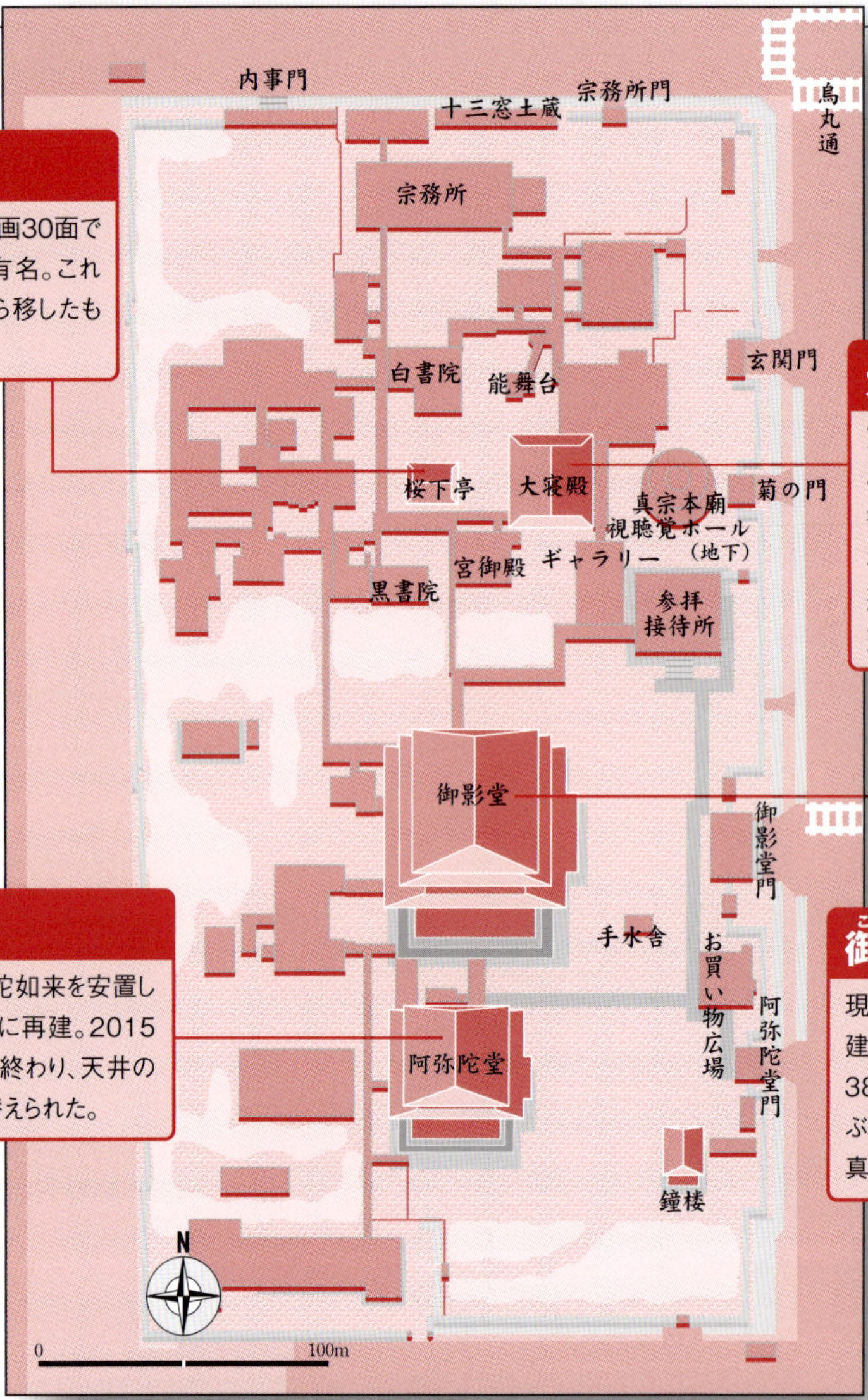

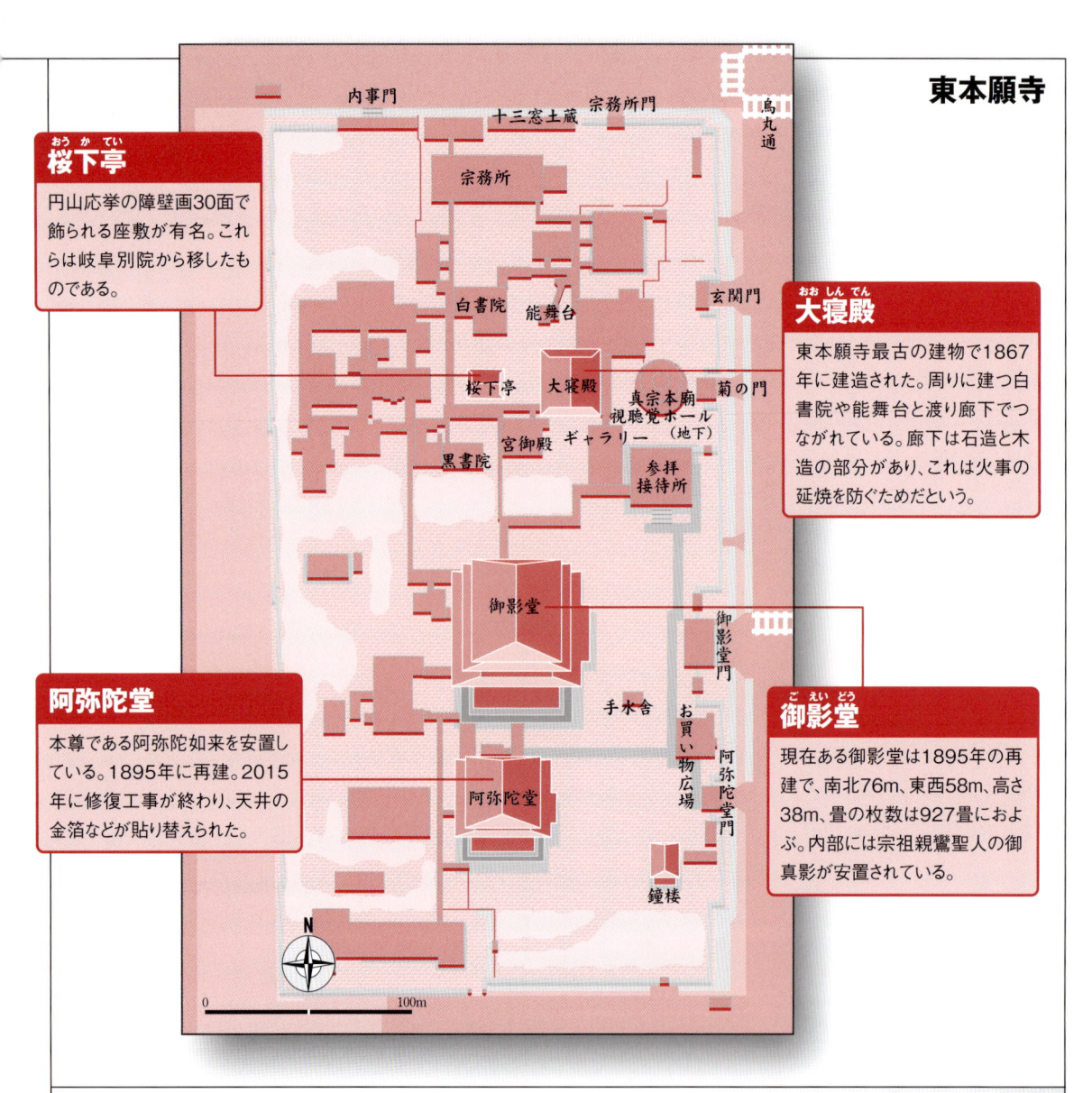

桜《おう》下《か》亭《てい》

円山応挙の障壁画30面で飾られる座敷が有名。これらは岐阜別院から移したものである。

大《おお》寝《しん》殿《でん》

東本願寺最古の建物で1867年に建造された。周りに建つ白書院や能舞台と渡り廊下でつながれている。廊下は石造と木造の部分があり、これは火事の延焼を防ぐためだという。

阿弥陀堂

本尊である阿弥陀如来を安置している。1895年に再建。2015年に修復工事が終わり、天井の金箔などが貼り替えられた。

御《ご》影《えい》堂《どう》

現在ある御影堂は1895年の再建で、南北76m、東西58m、高さ38m、畳の枚数は927畳におよぶ。内部には宗祖親鸞聖人の御真影が安置されている。

真《しん》宗《しゅう》大《おお》谷《たに》派《は》（東本願寺）

【宗派】真宗大谷派
【創建】1602年（慶長7）

◆東本願寺アクセス

京都府京都市下京区烏丸通七条上る常葉町
電話：075-371-9181
交通：市バス烏丸七条下車徒歩1分、またはJR京都駅より徒歩7分、または地下鉄烏丸線五条駅下車徒歩5分。

東本願寺の御影堂は世界最大級の木造建築

華ひらく室町文化

『能楽百番』「井筒」

日本美の原点となった
北山文化と東山文化

華やかな公家《くげ》文化と力強い武家文化が融合し、まばゆいばかりに光り輝く「北山文化」。かたや中国文化や禅宗の影響を受けて、わび・さびを基調とする簡素で深みのある「東山文化」。室町時代に華ひらいた二つの文化は、日本庭園や茶の湯など今日まで続く日本の伝統文化と美意識を確立させた。

幕府隆盛期の
北山文化

14世紀末、足利幕府に安定をもたらした3代将軍義満《よしみつ》の時代、平安以来の華麗な貴族様式と大陸渡来の禅宗様式が融合した。

北山文化の象徴
金閣寺《きんかくじ》
↓P86

足利尊氏が開基
天龍寺《てんりゅうじ》
京都五山第1位。1339年（暦応2）、足利尊氏《あしかがたかうじ》が後醍醐《ごだいご》天皇をはじめ、南北朝争乱の犠牲者を弔うために夢窓疎石《むそうそせき》を開山として創建。曹源池《そうげんち》庭園は、嵐山や亀山を借景とする名庭。

風格ある南禅寺の三門

幕府の庇護で発展
京都五山
（天龍寺・相国寺・建仁寺・東福寺・万寿寺）

市中の臨済《りんざい》宗の各寺院には序列があった。南禅寺は五山の上で別格。各寺院の禅僧は芸術や外交など、政治と文化の各方面で活躍した。

京都最古の禅寺
建仁寺《けんにんじ》
1202年（建仁2）、栄西によって開かれた京都で最古の禅寺。五山の第3位。俵屋宗達《たわらやそうたつ》の代表作『風神雷神図屏風』（国宝）を伝える寺としても知られる。

雪舟も修行した
相国寺《しょうこくじ》
五山の第2位。市街にありながら今なお堂々たる伽藍がそびえ、京を代表する臨済寺院。3代将軍義満が創建、豊臣秀頼が再建した。

幕府衰退期の
東山文化

15世紀後半、応仁の乱後に東山に隠棲《いんせい》した8代将軍義政《よしまさ》の時代、禅宗様式が深まり、簡素で幽玄な美しさが尊重された。

足利義政が建立した
銀閣寺《ぎんかくじ》
→P90

臨済宗南禅寺派総本山の
南禅寺《なんぜんじ》
高さ22メートルの三門（重文）をはじめ、方丈（国宝）、障壁画（重文）など、見どころが多い。1291年（正応4）、亀山上皇の離宮を禅寺に改めたもの。

室町幕府の全盛
花の御所《ごしょ》
3代将軍義満の時代に築かれた幕府の政庁。周辺には有力な武将が屋敷を構えていた。（※現存せず）

夢窓疎石が作庭した天龍寺の曹源池庭園

名庭
象徴化された自然美

自然をそのまま写しとった回遊式庭園、抽象絵画のような精神性を帯びた枯山水庭園など、日本庭園の伝統が確立。

苔寺の名で知られる
西芳寺《さいほうじ》
奈良時代、聖武天皇の勅願により、行基が開山した古刹。もとは、聖徳太子の別荘であったと伝える。1339年（暦応2）に作庭家としても名高い名僧・夢窓疎石が再興した。

枯山水の名庭が広がる
龍安寺《りょうあんじ》
禅の極致を表現しているという石庭が有名で、「虎の子渡しの庭」とよばれている。1450年（宝徳2）、細川勝元が徳大寺家から山荘を譲り受け、妙心寺《みょうしんじ》の義天玄《ぎてんげん》詔《しょう》を開山として創建した。

苔に覆われた西芳寺（苔寺）の庭園

北山文化

1397年（応永4）

室町幕府3代将軍義満 北山に豪華な別荘 「北山殿（金閣寺）」を造営

3代将軍義満《よしみつ》が、京の北西部の北山に居を構えることにしたのは、将軍職を長男義持《よしもち》に譲り、自分は都の中心より離れた場所から、世の中全体を見渡すことにしたからだ。建てられた場所から「北山殿《きたやまでん》」とよばれ、漆地《うるしじ》に金箔《きんぱく》を貼った絢爛《けんらん》豪華な建物「金閣《きんかく》」はその中心にあたる。

義満が亡くなると義持は夢窓疎石《むそうそせき》（夢窓国師）を開祖とし禅寺に改めた。義満の法号から「鹿苑寺《ろくおんじ》」と名付けられたが「金閣」のインパクトの強さから「金閣寺」と通称されている。

金閣（舎利殿《しゃりでん》）は和漢の建築様式を交えた3層建て。義満はこの2層部分で、しばしば宴席を催したという

北山文化と東山文化

貴族・公家から武士階級へと文化の担い手が移りつつあった室町時代。北山文化を代表する「金閣寺」、東山文化を代表する「銀閣寺」を中心に、書院造り・枯山水庭園・茶の湯・生け花・能・水墨画などが盛んになり、日本文化の美の原点がこの時代に、ほぼ出揃った。

名庭

1339年（暦応2）

夢窓疎石が「天龍寺」を開山。 庭園文化、ここに花開く

大方丈前に広がる天龍寺の曹源池庭園。夢窓疎石の禅風がみなぎる名庭である

夢窓疎石は、南北朝から室町初期の臨済《りんざい》宗の高僧。足利尊氏《あしかがたかうじ》とともに後醍醐《ごだいご》天皇の冥福を祈るために天龍《てんりゅう》寺《じ》建立を計画。造営資金を調達するため、貿易船・天龍寺船を派遣させるなどの政治的手腕を発揮して、天龍寺を完成させた。

夢窓疎石は造園にも卓越した才能をみせ、彼のつくった天龍寺の曹源池《そうげんち》庭園は、日本初の特別名勝に指定されている。そのほか彼の作に「苔寺《こけでら》」として名高い西芳寺《さいほうじ》庭園や、鎌倉の瑞泉寺《ずいせんじ》庭園などがある。いずれも禅の思想を表す名庭で、後世に計り知れない影響をおよぼした。

能

室町前期

観阿弥・世阿弥の親子、 高度な詩劇「能」を大成させる

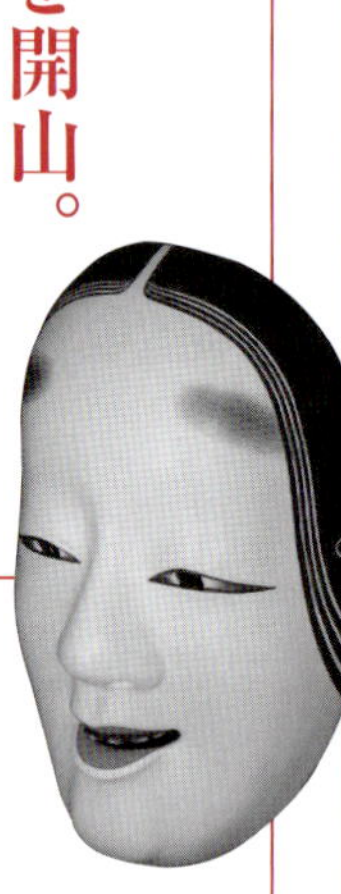

能面。一つの面で喜怒哀楽さまざまな感情を表現する

芸能の分野では、足利義満の保護を受けた観阿弥《かんあみ》・世阿弥《ぜあみ》親子が、こっけいな物真似を軸に始まった猿楽《さるがく》の能から、上品な「幽玄」の美意識をもった新たな演劇というジャンルを打ち立てた。しかし、比類なき名人・世阿弥も、義満の死後はライバルである音阿弥《おんあみ》に将軍家の寵《ちょう》を奪われ、72歳にして佐渡に流される不幸な後半生であった。

能面／ www.nohmask21.com 提供

東山文化 1482年（文明14）

東山にわび・さびの建築、「銀閣」着工

義政の隠棲所《いんせいしょ》「東山殿《ひがしやまどの》」の一角に建てられた「銀閣」。創建時、第2層の外側は黒漆塗りだった

金箔を貼った豪華な金閣に対し、義満の孫の義政《よしまさ》が東山に建てた銀閣寺《ぎんかくじ》は、下層が書院造り、上層が仏殿風で、地味だが落ち着いた佇《たたず》まい。

手本とされたのは京の南西部にある禅院の西芳寺（苔寺）。銀箔を貼る予定は元来なく、銀閣という通称は金閣との対比から生まれたらしい。

1490年に義政が世を去ったため、造営も途切れ、義政の菩提《ぼだい》をとむらう禅院の慈照寺《じしょうじ》となる。

なお、この銀閣寺東求堂《とうぐどう》にある「同《どう》仁斎《じんさい》」は現存する最古の小書院で、四畳半茶室の始まりともいわれている。

京都五山 1386年（至徳3・元中3）

「京都五山」確定！最上位は南禅寺に決まる

五山之上 南禅寺

1291年（正応4）、出家した亀山《かめやま》上皇が離宮を禅寺に改める。臨済宗南禅寺派の大本山。

【見どころ】狩野探幽《かのうたんゆう》作の襖絵『水呑みの虎』。小堀遠州の手による方丈庭園。

1位 天龍寺

1339年（暦応2）、夢窓疎石が開山。臨済宗天龍寺派の大本山。

【見どころ】夢窓疎石作の曹源池庭園。

2位 相国寺

1392年（明徳3）、足利義満が開基、春屋妙葩《しゅんおくみょうは》が開山。臨済宗相国寺派の大本山。

【見どころ】狩野光信《こうしん》作の『幡龍図《ばんりゅうず》』（鳴き龍）。

3位 建仁寺

1202年（建仁2）、栄西が創建。臨済宗建仁寺派の大本山。

【見どころ】俵屋宗達《たわらやそうたつ》『風神雷神図屏風』。枯山水式庭園「大雄苑《だいおうえん》」。

4位 東福寺

1236年（嘉禎2）、九条道家《くじょうみちいえ》の発願により創建。臨済宗東福寺派の大本山。

【見どころ】日本最古の三門。通天橋からの紅葉。

5位 万寿寺

1097年（承徳元）、白河上皇が建立。現在、臨済宗東福寺の塔頭《たっちゅう》。

※一般公開はされていない。

五山とは禅宗寺院で最上の寺格を示す5つの官寺（政府が住持を任命する寺）。禅宗の保護と統制を目的に定めたもので、数回の変遷を経て最終的に1386年、足利義満の時代に京都と鎌倉それぞれの位次《いじ》が確定した。ちなみに鎌倉五山は、第1位建長寺《けんちょうじ》、第2位円覚寺《えんかくじ》、第3位寿福《じゅふく》寺《じ》、第4位浄智寺《じょうちじ》、第5位浄妙寺《じょうみょうじ》。

五山之上、南禅寺

茶 室町後期

今日も親しまれる「茶の湯」誕生

わび・さびの極致といわれる茶道。意外にもその起源は、茶の産地などを当てる賭け事の一種「闘茶《とうちゃ》」にあるという。やがて村田珠光《むらたじゅこう》が、茶に禅の精神を融合させた喫茶法を始め、千利休《せんのりきゅう》が茶の湯として大成させた。

一方、生け花は仏前に供える供花が始まり。書院造りの建物が生まれると、床の間に花を飾る「立花《たてばな》」が盛んとなり、池坊専慶《いけのぼうせんけい》が大成させた。京都市中京区にある六角堂《ろっかくどう》の本坊は「池坊」とよばれ、ここから多くの立花の名手を輩出している。

東山文化 室町後期

墨の濃淡で壮大な風景を描ききった雪舟

鎌倉時代、中国から入ってきた水墨画を見た当時の人々はたいそう驚いたらしい。なにせ墨の濃淡だけで目の前に壮大な風景を現出させたのだから。

それから100年たった室町時代。雪舟は、『山水長巻《さんすいちょうかん》』『天橋立図《あまのはしだてず》』などの名画を制作。日本の水墨画の歴史を一人で塗り替える大仕事をした。

古寺を訪ねる

3代将軍足利義満が贅を尽くした 金閣寺《きんかくじ》（鹿苑寺《ろくおんじ》）

水面にその美しい姿を映す金閣。まばゆく光る金色は、義満の黄金へのあこがれをしのばせる（写真提供：鹿苑寺）

「俗」を超えたまばゆい金色の楼閣

金閣寺前のバス停を降り、黒門を抜けて総門に向かう。この道は秋なら紅葉が美しい。総門から拝観受付を経て辻塀沿いに歩いて右に折れる。

そこには水をたたえる鏡湖池《きょうこち》が広がり、その奥にまばゆい金色の楼閣《ろうかく》が浮かぶ。金閣（舎利殿《しゃりでん》）である。1987年（昭和62）に貼り替えられた金箔《きんぱく》が、日の光を受けて輝いている。これほどまでの絢爛《けんらん》は、「俗」を超えていると思わざるを得ない。

金閣寺は北山文化発祥の地であり、ユネスコの世界遺産に登録されている。しかし、金閣自体は国宝には指定されていない。それは、この建物が1955年（昭和30）に再建された、比較的新しい建物だからである。

以前の建物は、第二次大戦前から国宝に指定されていた。しかし、1950年（昭和25）、学僧の放火により建物は炎につつまれる。僧は寺の裏山で自殺を図《はか》り、建物は全焼。国宝の足利義満像《あしかがよしみつぞう》もこのとき失われている。この事件は三島由紀夫の『金閣寺』、水上勉の『金閣炎上』などの小説のテーマになっている。

現在の建物は旧状どおりに再現されたものだ。国宝ではないが、訪れる人は新しい装いによって、創建当時のきらめきを感じることができるのである。

鏡湖池を中心とした京都屈指の名庭をめぐって

金閣寺（鹿苑寺）は、京都御所の北西にある。鹿苑寺の寺名は、この寺院の元となった山荘を築いた、室町幕府3代将軍足利義満の法名にちなむ。「北山殿《きたやまでん》」とよばれていたこの山荘で、義満は和歌、猿楽《さるがく》、管弦などに興じ、ここから北山文化が華ひら

龍門滝

中央に置かれた大石は鯉魚石《りぎょせき》といい、滝を登った鯉が龍になるという、中国の故事「登龍門」を表したもの。

安民沢《あんみんたく》

義満が山荘をつくる以前、西園寺家の別業（別荘）だった時代の名残を残す池。過去に水が涸《か》れたことがないので、雨乞いの場となったと伝えられている。

不動堂

本尊は弘法大師《こうぼうだいし》が彫ったという石不動《いしふどう》明王《みょうおう》で、岩窟のなかにまつられている。参拝すると、首から上の病に霊験をあらわすといわれる秘仏。毎年節分（2月3日）と8月16日に開扉法要があり、拝観できる。

夕佳亭《せっかてい》

茶道家金森宗和《かなもりそうわ》による江戸時代の建築。茅葺《かやぶ》き屋根、数寄屋造の3畳の茶席で、南天の床柱と萩の違い棚が設けられている。

金閣

第1層は寝殿造の「法水院」、第2層は武家造の「潮音洞《ちょうおんどう》」、第3層は禅宗仏殿造の「究竟頂《くっきょうちょう》」と、三つの様式が調和された建造物。第2層内部には、岩屋観音坐像と四天王立像が安置されている。

いたのである。

義満の死後、義満の遺言により山荘は禅寺に改められ、舎利殿（金閣）などを残して解体。鹿苑寺となった。

金閣寺の見どころは、金閣だけではない。西芳寺《さいほうじ》（苔寺《こけでら》）をモデルとした庭園は、国の特別史跡・特別名勝に指定された、鏡湖池を中心とした池泉回遊式《ちせんかいゆうしき》庭園である。

苑路に導かれるまま池をめぐり歩くと、巧みに配置された石組み、植栽、そして、金閣自体がおりなす変化に富んだ景観を楽しむことができる。

北山鹿苑寺《ほくざんろくおんじ》（金閣寺）

【宗派】臨済宗相国寺派
【創建】1397年（応永4）

◆アクセス

京都府京都市北区金閣寺町１
電話：075-461-0013
交通：市バス金閣寺前すぐ、または市バス金閣寺道から徒歩3分。

歴史探訪ガイド

金閣寺～広隆寺周辺

王朝人と室町武将ゆかりの史跡をめぐる

このあたりは古くから開け、平安時代には皇室や貴族の別業（別荘）が営まれ、室町時代には武将が寺を建立した。金閣寺《きんかくじ》、龍安寺《りようあんじ》、仁和寺《にんなじ》と、世界遺産の3寺院が連なる。

武将ゆかりの名刹をめぐる

金閣寺拝観のあと、きぬかけの路を右手に向かう。しばらく行くと、左手に立命館大学、その向かいに日本画家堂本印象《どうもといんしょう》の作品を収蔵する京都府立堂本印象美術館が立つ。大学東側の道を南に向かい、右折すれば足利尊氏《あしかがたかうじ》が夢窓疎石《むそうそせき》を開山として創建した**等持院**《とうじいん》に着く。足利氏の菩提寺《ぼだいじ》で、足利歴代将軍の等身大の木像がまつられている。

民家の間を抜け再びきぬかけの路に向かい、道を渡ったところが、枯山水石庭で有名な**龍安寺**だ。1450年（宝徳2）、幕府の管領・細川勝元《かつもと》の建立。石庭には大海をあらわす白砂と、島を示す大小15の石。7・5・3の石組みだが、どこから見ても14個しか数えられない配置という。残りの石は禅の境地で見るのだとか。

御室桜（おむろざくら）が美しい仁和寺の境内に立つ五重塔

皇室ゆかりの古寺を拝観

寺前の道を西に向かうと、**仁和寺**の二王門《におうもん》が見えてくる。境内には五重塔、御所の紫宸殿《ししんでん》を移築した金堂や、御所を思わせる御殿などがあり、雅な趣が漂う。霊宝館には空海《くうかい》が中国から持ち帰った「三十帖冊子」、創建当初の本尊阿弥陀三尊像《あみださんそんぞう》や、孔雀明王像《くじゃくみょうおうぞう》などが収められている。二王門から南東に進むと**妙心寺**《みょうしんじ》の広大な境内へ。花園《はなぞの》上皇の離宮を禅寺に改めた名刹で、法堂の天井一面に描かれた狩野探幽《かのうたんゆう》筆の『雲龍図』は、どの角度から見ても睨《にら》まれているように描かれ、「八方にらみの龍」とよばれる。

寺から南に向かい丸太町通《まるたまちどおり》を西に歩くと**法金剛院**《ほうこんごういん》が立つ。平安初期の右大臣・清《きよ》原《はらの》夏《なつ》野《の》の山荘を、1130年（大治5）、鳥羽《とば》上皇の中宮待賢門院《たいけんもんいん》が復興。本尊阿弥陀如来坐像は、光背《こうはい》や台座の蓮弁《れんべん》に華麗で繊細な彫刻が施されている。

丸太町通を渡り、JRの高架をくぐり南へ向かうと**蚕の社**《かいこのやしろ》（木島坐天照御魂神社《このしまにますあまてるみたまじんじゃ》）で、平安遷都以前から秦氏《はたし》の居住地だった。土木や紡織技術に優れていたとされ、製糸業者の信仰を今も集めている。日本で唯一の三方正面の三つ鳥居が珍しい。

三条通を西に向かえば、京都随一の古刹、**広隆寺**《こうりゅうじ》だ。秦氏の氏寺で聖徳太子ともゆかりが深い。国宝第1号の弥勒菩薩半跏思惟像《みろくぼさつはんかしいぞう》の寺として有名。寺の南大門（仁王門）のすぐ前、嵐電嵐山本線の太秦《うずまさ》広隆寺駅でゴールとなる。

おすすめ探訪コース

所要時間 約5時間

※地図上の……ルート

- 金閣寺道バス停
- 徒歩3分
- 金閣寺
- 徒歩20分
- 等持院
- 徒歩10分
- 龍安寺
- 徒歩10分
- 仁和寺
- 徒歩13分
- 妙心寺
- 徒歩10分
- 法金剛院
- 徒歩10分
- 蚕の社
- 徒歩10分
- 広隆寺
- 徒歩すぐ
- 太秦広隆寺駅 嵐電嵐山本線

京都駅から市バスで30分、金閣寺道バス停下車。**太秦広隆寺駅から**嵐電嵐山本線で10分、終点四条大宮駅下車、市バスに乗り換え12分、京都駅下車。

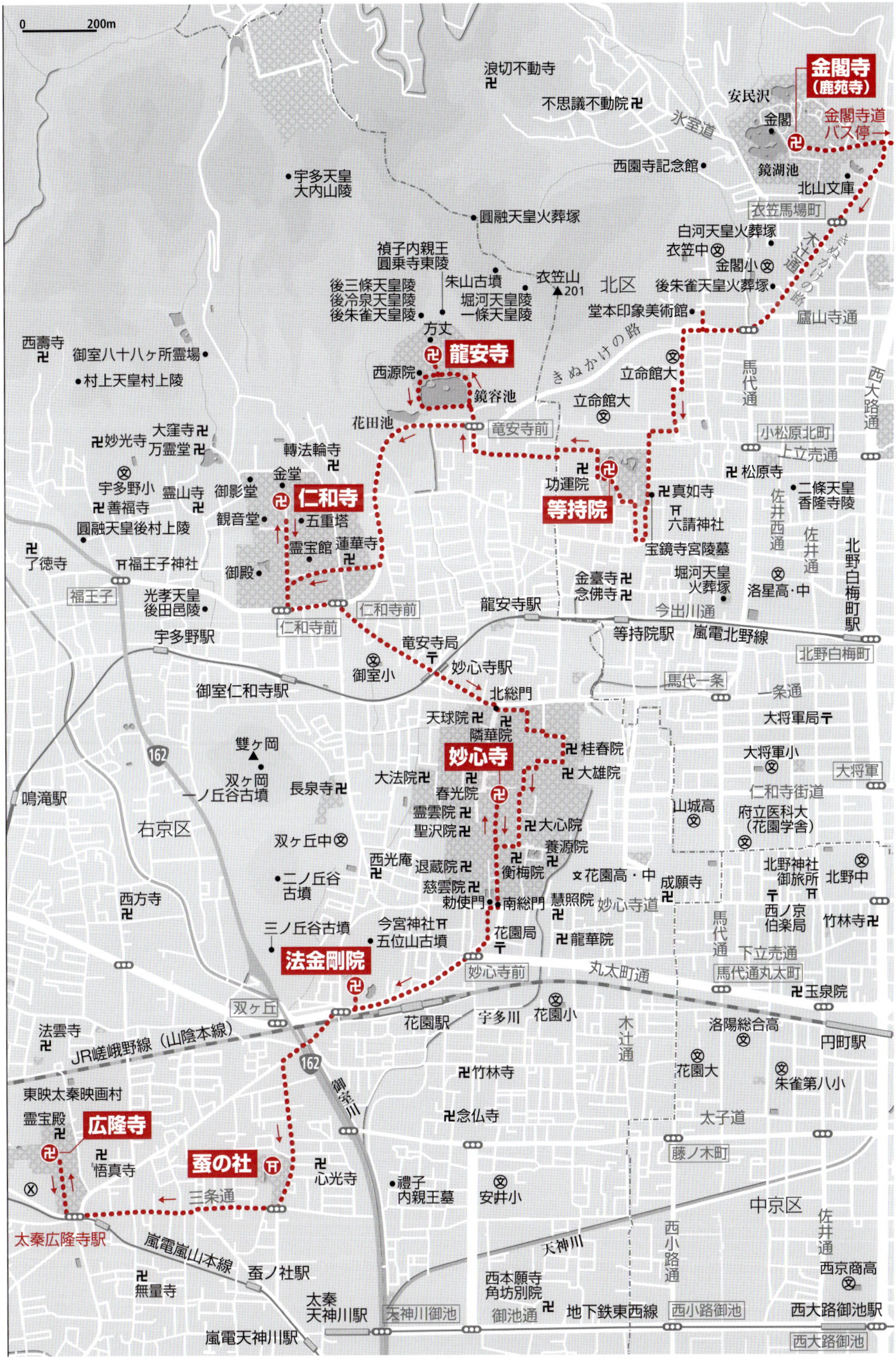
0
200m
浪切不動寺
不思議不動院
金閣寺
（鹿苑寺）
安民沢
金閣
金閣寺道
バス停
氷室道
西園寺記念館
鏡湖池
北山文庫
宇多天皇
大内山陵
圓融天皇火葬塚
衣笠馬場町
白河天皇火葬塚
衣笠中
金閣小
禎子内親王
圓乗寺東陵
きぬかけの路
木辻通
後三條天皇陵
後冷泉天皇陵
後朱雀天皇陵
朱山古墳
堀河天皇陵
一條天皇陵
衣笠山
201
北区
後朱雀天皇火葬塚
堂本印象美術館
廬山寺通
方丈
龍安寺
西壽寺
御室八十八ヶ所霊場
村上天皇村上陵
西源院
鏡容池
きぬかけの路
立命館大
立命館大
馬代通
西大路通
花田池
竜安寺前
小松原北町
大窪寺
妙光寺
万霊堂
転法輪寺
上立売通
功運院
等持院
真如寺
松原寺
二條天皇
香隆寺陵
金堂
宇多野小
霊山寺
御影堂
仁和寺
善福寺
観音堂
五重塔
六請神社
佐井西通
佐井通
圓融天皇後村上陵
宝鏡寺宮陵墓
了徳寺
福王子神社
霊宝館
蓮華寺
北野白梅町駅
御殿
堀河天皇
火葬塚
金臺寺
念佛寺
洛星高・中
福王子
光孝天皇
後田邑陵
仁和寺前
仁和寺前
龍安寺駅
今出川通
宇多野駅
等持院駅
嵐電北野線
竜安寺局
妙心寺駅
御室小
北野白梅町
御室仁和寺駅
北総門
馬代一条
一条通
天球院
隣華院
大将軍局
雙ヶ岡
162
妙心寺
桂春院
大将軍小
大将軍
大法院
大雄院
双ヶ岡
一ノ丘古墳
長泉寺
春光院
仁和寺街道
鳴滝駅
山城高
府立医科大
（花園学舎）
右京区
霊雲院
聖沢院
大心院
双ヶ丘中
養源院
西光庵
退蔵院
衡梅院
北野神社
御旅所
北野中
二ノ丘谷
古墳
花園高・中
成願寺
西方寺
慈雲院
勅使門
南総門
慧照院
妙心寺道
西ノ京
伯楽局
竹林寺
馬代通
三ノ丘谷古墳
今宮神社
五位山古墳
花園局
龍華院
下立売通
法金剛院
妙心寺前
丸太町通
馬代通丸太町
双ヶ丘
花園駅
宇多川
花園小
玉泉院
法雲寺
JR嵯峨野線（山陰本線）
木辻通
洛陽総合高
円町駅
162
御室川
竹林寺
花園大
朱雀第八小
東映太秦映画村
念仏寺
太子道
霊宝殿
広隆寺
蚕の社
藤ノ木町
悟真寺
心光寺
禮子
内親王墓
安井小
三条通
太秦広隆寺駅
中京区
佐井通
嵐電嵐山本線
天神川
西小路通
蚕ノ社駅
無量寺
西本願寺
角坊別院
西京商高
太秦
天神川駅
天神川御池
御池通
地下鉄東西線
西小路御池
西大路御池駅
嵐電天神川駅
西大路御池

古寺を訪ねる

禅宗文化の粋を集め、わび・さびの世界が広がる
銀《ぎん》閣《かく》寺《じ》（慈《じ》照《しょう》寺《じ》）

年月を重ねて渋く変色した木肌が美しい銀閣。銀は使用されていないが、いぶし銀の風格が感じられる

参道を抜ければ白砂の盛られた異空間

銀閣寺《ぎんかくじ》は正式には慈照寺《じしょうじ》といい、元は室町幕府8代将軍である足利義政《よしまさ》が造営した山荘・東山殿《ひがしやまどの》だった。

将軍職を退いた後の余生を過ごすため、義政は東山殿の造営に着手。書画や茶の湯に親しむ義政が、自らの美意識のすべてをこの山荘に込め、簡素枯淡の世界を現出しようとした。

金閣寺を建てた祖父、足利義満《よしみつ》の北山文化に対して、東山文化とよばれる。寺院となったのは義政が没した年である。

石畳を歩いて総門をくぐる。そこから中門に至る白砂の敷きつめられた直線的な参道は、直角に2度、折れ曲がっている。まるで異世界への入口のようなたたずまいだ。

中門を抜けて最初に目に飛び込んでくるのは、白砂を円錐《えんすい》に盛り上げ、上部を水平に切り取った形の向月台《こうげつだい》。

そして湾曲して白砂の盛られた銀沙灘《ぎんしゃだん》が広がる。「銀閣」の名は、月の光を反射して輝く白砂からきているという説もある。

右手には銀閣（観音殿《かんのんでん》）、左手には方丈《ほうじょう》（本堂）が立つ。方丈の東に接する東求堂《とうぐどう》は、義政の建てた持仏堂《じぶつどう》で、現存最古の書院造。東山文化の代表的建築物である銀閣は、祖父・義満の金閣にならって1489年（長享3）着工。金箔《きんぱく》を貼りつめた金閣と同様に銀箔を貼る計画があったという説もあるが、義政の美意識の基調が、禅や茶の湯にあったことを考えれば、はじめから銀箔を貼る予定はなかったとする説が有力である。

足利氏の栄華の面影を残す2つの名庭園

銀閣寺の境内に広がる庭園は、上下2段

参道

左手は低い石垣・簡素な銀閣寺垣・アラカシの高垣の3段、右手は低い石垣・常緑樹の刈り込み混垣《まぜがき》と高垣を配する。突き当たりを直角に曲がると、突如として向月台と銀沙灘の白砂の清浄な世界が広がる。

方丈(本堂)

2人の南画の大家が描いた襖絵で名高い。与謝蕪村《よさのぶそん》による『飲中八仙図《いんちゅうはっせんず》』『棕櫚《しゅろ》に叭々鳥図《ははちょうず》』と、池大雅《いけのたいが》による『琴棋書画図《きんきしょがず》』がそれで、春と秋に特別公開される。

東求堂《とうぐどう》　国宝

1486年に、義政の持仏堂として完成した書院建築。その後改修が繰り返されている。内部の四畳半の書院は、同仁斎《どうじんさい》といい、住宅建築の茶室の原型と考えられている。

銀閣(観音殿)　国宝

第1層「心空殿《しんくうでん》」は書院造、第2層「潮音閣《ちょうおんかく》」は禅宗様で、内部には須弥壇《しゅみだん》が据えられ、観音菩薩坐像(洞中観音)が安置される。

に分かれ、上段の枯山水《かれさんすい》庭園は、1931年(昭和6)に発掘されたもの。室町期の面影を残す庭園である。

下段は銀閣(観音殿)前に水をたたえる錦鏡池《きんきょうち》を中心としたいわゆる池泉回遊式《ちせんかいゆうしき》で、特別史跡・特別名勝に指定されている。通称「苔寺《こけでら》」の西芳寺《さいほうじ》に、夢窓疎石《むそうそせき》が築いた庭園を参考にして、義政と善阿弥《ぜんあみ》の指導によって作庭されたとされる。

造営当時は大小12棟の建造物が点在していたが、現在残る創建当時の建物は、銀閣と東求堂の2棟だけである。

山荘の完全な姿を見ることなく没した義政だが、彼の美意識に貫かれた銀閣寺の姿には、感嘆の思いを抱かずにはいられない。

東山慈照寺《とうざんじしょうじ》
(銀閣寺)

【宗派】臨済宗相国寺派

【創建】1490年(延徳2)

◆アクセス

京都府京都市左京区銀閣寺町2

電話:075-771-5725

交通:市バス銀閣寺前から徒歩7分、または市バス銀閣寺道から徒歩10分。

銀閣寺周辺をめぐる

東山屈指の名刹と桜や紅葉の名所

銀閣寺《ぎんかくじ》から続く「哲学の道」は、京都を代表する散歩道。その西の、吉田山《よしだやま》から南下して平安神宮へと至るルートもおすすめ。どちらも桜や紅葉の名所として知られている。

桜舞う「哲学の道」を歩く

「哲学の道」は、銀閣寺道バス停のすぐ北の、琵琶湖疏水《びわこそすい》に沿って続く。流れはしばらく先で南に折れるが、曲がらずに直進して、まずは**銀閣寺**を目指す。

「わび・さび」の東山文化を堪能したら、参道を引き返し、「哲学の道」を南へ。洗心橋を渡ると、浄土《じょうど》宗の開祖・法《ほう》然《ねん》が弟子の住蓮《じゅうれん》、安楽《あんらく》とともに「六時礼讃」を勤めたという**法然院**《ほうねんいん》に出る。さらに南に下ると、2人の弟子を弔うために創建された**安楽寺**があるが、公開は春秋の限られた期間のみなので、それ以外の時期は引き返して「哲学の道」を歩こう。

安楽寺からは霊鑑寺《れいかんじ》門前を右折して疏水沿いに戻り、南へ。途中、**大《おお》豊《とよ》神社**に立ち寄りながら進むと、しばらく先の若王子橋で疏水沿いの道は終わる。左折して**熊野若王子神社**《くまのにゃくおうじ》を参拝したら西へ向かい、紅葉の名所として有名な**永観堂**《えいかんどう》（禅林寺）を拝観する。

南禅寺《なんぜんじ》は門前の道をさらに南へ向かえばすぐ。巨大な三門をくぐり、法堂《はっとう》や方丈、水路閣、塔頭《たっちゅう》の南禅院を見、あとは疏水西側に沿って南へ進めば地下鉄蹴上《けあげ》駅にゴールする。

四季を通じ花の寺として名高い法然院

吉田山から平安神宮へ

こちらの起点も、銀閣寺道バス停。「哲学の道」の入口から西へ向かう。左に**吉田山**が見え隠れするが、この先の登山口から山頂へ向かう。

吉田神社は西へ下るとすぐ。拝観後は山裾《やますそ》の南側を回る。途中には、日本中の神社のご利益を一度に授かれるという大元宮《だいげんぐう》もある。

その先の**宗忠《むねただ》神社**を拝観したら**真《しん》如堂**《にょどう》へ。「修行者の本尊とならせたまえ」と祈ると首を振り、「しからば都に出て衆生、わけても女人を救い給うや」と問うとうなずいたという「うなずきの阿弥陀《あみだ》」を安置する。さらに南の**金戒光明寺**《こんかいこうみょうじ》は、比叡山《ひえいざん》を下りた法然が庵《いおり》を結んだと伝わる場所。山門には「浄土宗最初門」の額が掲げられている。

門前を右折し、岡崎通を南へ行くと**平安神宮**がある。拝殿は平安京の大極殿を再現したもの。明治時代に建立された神社で歴史は浅いが、その分、朱塗りの色も鮮やかで、平安京の華やかな宮殿建築を思わせる。

拝観後は応天門からのびる神宮道を進み、三条通で右折すれば地下鉄東山駅だ。

おすすめ探訪コース

所要時間 約4時間

※地図上の ━ ルート

銀閣寺道バス停 → 徒歩10分 → 銀閣寺 → 徒歩10分 → 法然院 → 徒歩5分 → 安楽寺 → 徒歩10分 → 大豊神社・熊野若王子神社 → 徒歩5分 → 永観堂（禅林寺） → 徒歩8分 → 南禅寺 → 徒歩10分 → 蹴上駅 地下鉄東西線

【アクセス】 **京都駅から**市バスで40分、銀閣寺道バス停下車。**蹴上駅から**地下鉄東西線で7分、烏丸御池駅下車、地下鉄烏丸線に乗り換え6分、京都駅下車。

おすすめ探訪コース

所要時間 約4.5時間

※地図上の……ルート

銀閣寺道バス停
徒歩25分
吉田山山頂
徒歩10分
吉田神社
徒歩10分
宗忠神社
徒歩5分
真如堂
徒歩8分
金戒光明寺
徒歩15分
平安神宮
徒歩10分
東山駅 地下鉄東西線

【アクセス】京都駅から市バスで40分、銀閣寺道バス停下車。**東山駅から**地下鉄東西線で5分、烏丸御池駅下車、地下鉄烏丸線に乗り換え6分、京都駅下車。

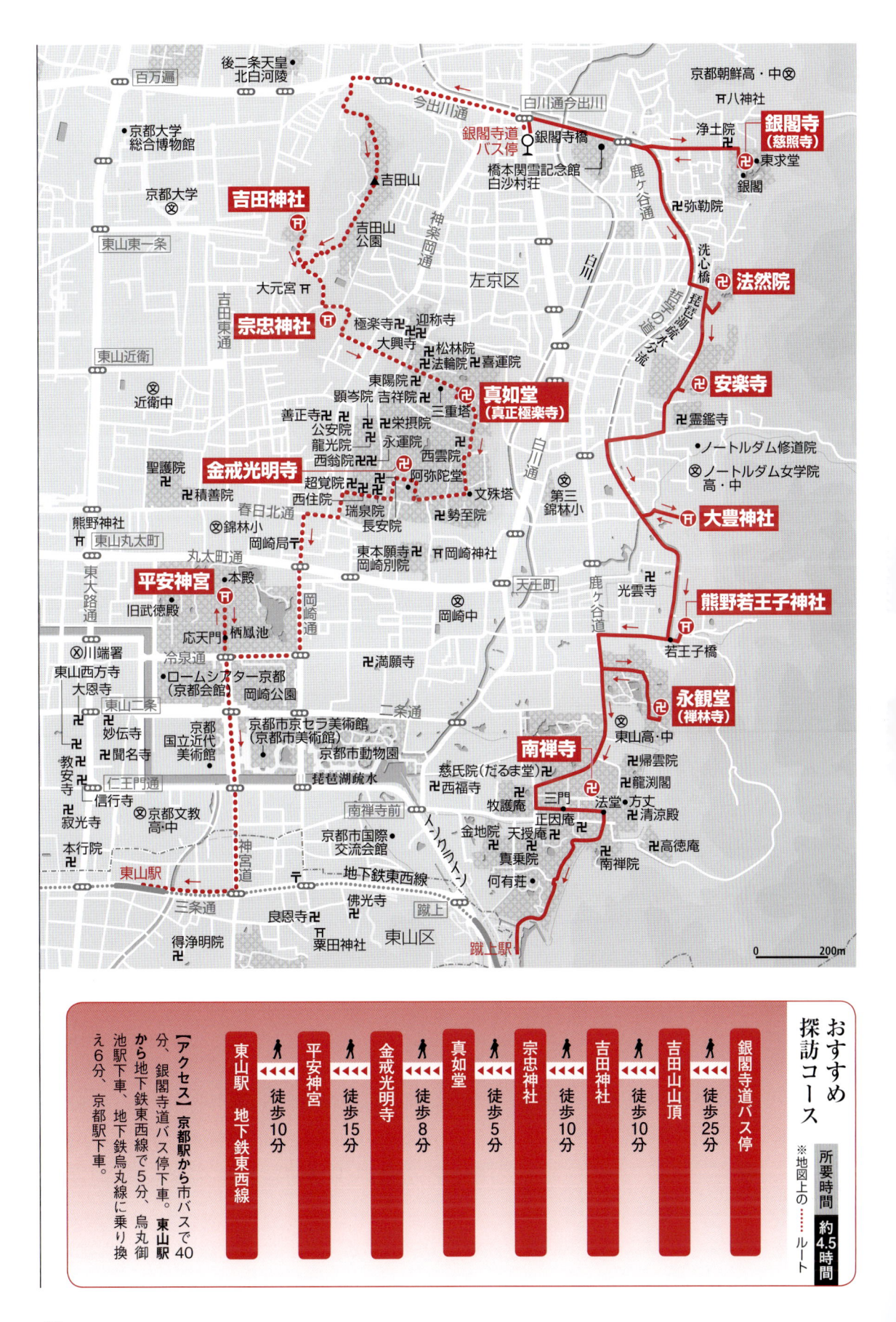

京都の祭・年中行事

都において「政」と「祭」は密接に結びついていた。はるか昔から「祭」は連綿と現在まで残り、京都は祭で始まり祭で終わる都となった。

1月

皇服茶《おうぶくちゃ》【1月1～3日】六波羅蜜寺《ろくはらみつじ》
空也上人《くうやしょうにん》にちなんだ祭事。皇服茶の授与がある。

蹴鞠《けまり》はじめ【1月4日】下鴨《しもがも》神社
鞠を蹴りあう奈良時代起源の遊び。

初ゑびす【1月8～12日】恵美須《えびす》神社
お笹など縁起物を授与。終夜、神楽《かぐら》の奉納あり。

楊枝《やなぎ》のお加持《かじ》・通し矢【1月15日に近い日曜】三十三間堂（蓮華王院《れんげおういん》）
頭痛平癒にご利益がある。弓の引き初めが有名。

2月

針供養【2月8日】法輪寺《ほうりんじ》（西京区）
全国から寄せられた廃針の法要が行なわれる。

五大力尊仁王会《ごだいりきそんにんのうえ》【2月23日】醍醐寺《だいごじ》
災難除けの五大力さん御影を授与。「餅上げ」が有名。

梅花祭《ばいかさい》【2月25日】北野天満宮
菅原道真《すがわらのみちざね》の祥月命日に梅花を供え厄を祓《はら》う祭。

3月

嵯峨《さが》お松明《たいまつ》【3月15日】清凉寺《せいりょうじ》
松明の火勢で稲作豊凶を占う三大火祭のひとつ。

千本釈迦念仏《せんぼんしゃかねんぶつ》【3月22日】千本釈迦堂《せんぼんしゃかどう》（大報恩寺《だいほうおんじ》）
如輪上人《にょりんしょうにん》が始めたといわれ、遺教経《ゆいきょうぎょう》を訓読で奉唱。

4月

やすらい祭【第2日曜】今宮《いまみや》神社
京の三奇祭のひとつで、国の重要無形民俗文化財に指定されている。風流傘を押し立てた行列が練り歩き、赤や黒の飾り髪を振り乱した鬼たちが鉦《かね》や太鼓を打ち鳴らして踊り跳ねる。

五山送り火（鳥居形）

7月

祇園祭【7月1～31日】八坂《やさか》神社
16日の宵山、17日の山鉾巡行が有名な、京の夏を彩る風物詩。

精大明神《せいだいみょうじん》例祭【7月7日】白峯《しらみね》神宮
蹴鞠、小町をどりを奉納。精大明神は蹴鞠の神として知られる。

御手洗《みたらい》祭【土用の丑《うし》の日】下鴨神社・蚕《かいこ》の社《やしろ》
平安時代、貴族たちは季節の変わり目に罪やけがれを祓《はら》った。これが室町時代以降民衆にも広がったという。下鴨神社では、御手洗川に足をひたし灯明を供えて無病息災を願う人々でにぎわう。

千日詣《せんにちまい》り【7月31日】愛宕《あたご》神社
この日から翌朝にかけてのお参りは千日分の功徳を得られるという。

8月

六道《ろくどう》まいり【8月7～10日】六道珍皇寺《ちんのうじ》
冥界と現世の境にあるといわれるこの寺では、お盆に精霊を迎えるために鐘がつかれる。

五山送り火【8月16日】東山如意ヶ岳《ひがしやまにょいがたけ》（大文字山）ほか
火文字で精霊を送り、無病息災を願う、京都の夏の風物詩。

千灯供養【8月23～24日】化野念仏寺《あだしのねんぶつじ》
境内の約8000もの石仏・石塔にろうそくを捧げ霊を供養。

八朔祭法楽会《はっさくさいほうらくえ》・久世六斎念仏《くぜろくさいねんぶつ》【8月31日】蔵王堂光福寺《ざおうどうこうふくじ》
上久世の準農村地帯を中心に継承されてきた六斎念仏。

（上）鞍馬の火祭。各家の門口にかがり火が焚かれ、町内は幻想的な雰囲気に包まれる
（下）時代祭。各時代の衣装が目をひき、風俗絵巻が繰り広げられる

5月

吉野《よしの》太夫《だゆう》花供養【第3日曜】常照寺《じょうしょうじ》
源光庵《げんこうあん》から常照寺まで吉野太夫の道中がある。

壬生《みぶ》大念仏狂言【4月29日～5月5日】壬生寺《みぶでら》
鎌倉時代より伝わる伝統芸能。重要無形民俗文化財。

曲水の宴【4月29日】城南宮《じょうなんぐう》
川に杯を流し、和歌を詠む王朝貴族の宴。

大念仏狂言【5月1～4日】千本閻魔堂《せんぼんえんまどう》（引接寺《いんじょうじ》）
開山定覚《じょうかく》が布教のため始めたことが起こりの、有声の仮面喜劇。

駈馬神事《かけうましんじ》【5月5日】藤森神社
逆乗り、逆立ち、藤下がりなど様々な駈馬の技が奉納される。

葵祭

葵祭【5月15日】下鴨神社・上賀茂《かみがも》神社
行列のすべてに葵の葉が飾られ、平安朝の古典行列が見もの。

6月

京都薪能《たきぎのう》【6月上旬】平安神宮
大極殿《だいごくでん》前に特設された舞台で行なわれる平安神宮初夏の風物詩。

田植祭【6月10日】伏見稲荷《ふしみいなり》大社
境内で育てた早苗を神田に植える神事。田舞が奏される。

竹《たけ》伐《き》り会式《えしき》【6月20日】鞍馬寺《くらまでら》
青竹を大蛇に見立てて五段に切り分け、豊凶を占う。

やすらい祭。花傘の下に入ると
厄払いになる

北野天満宮の瑞饋祭。
珍しいずいき神輿が巡行する

9月

八朔祭【第1日曜】松尾大社
風雨安穏、五穀豊穣などを神に祈る行事。奉納大相撲も行なわれる。

萩まつり【中旬の土曜・日曜】梨木《なしのき》神社
献詠された俳句の短冊を吊《つ》るし、虫籠《むしかご》に鈴虫を入れて神前に奉納。

観月祭《かんげつさい》【仲秋】各社寺
平安の宮中行事として行なわれ、現在も各寺社で行事が催される。

10月

瑞饋《ずいき》祭【10月1～5日】北野天満宮
瑞饋（里芋の茎）で屋根を葺いた珍しい神輿《みこし》が巡行する。

御香宮神幸祭《ごこうのみやしんこうさい》【10月上旬】御香宮神社
洛南を代表する大祭で、伏見《ふしみ》祭ともよばれる。室町時代からの伝統が息づく華やかな風流笠が目をひく。

時代祭【10月22日】京都御所・平安神宮
平安時代から明治まで、各時代の衣装に身を包んだ約2000人が行列。

由岐《ゆき》神社例祭 鞍馬《くらま》の火祭《ひまつり》【10月22日】由岐神社
子供の手松明、武者わらじを履いた里人たちが大松明をかついで町内を練り歩く。火の粉の中を神輿《みこし》が渡御する様は壮観だ。

11月

亥子《いのこ》祭【11月1日】護王《ごおう》神社
平安朝の古儀を再現した祭。無病息災を祈り亥子餅をつく。

火焚祭《ひたきさい》【11月8日】伏見稲荷大社
本殿祭終了後に火焚神事があり、斎場の火床で火焚串が焚《た》かれる。

嵐山《あらしやま》もみじ祭【11月第2日曜】嵐山大堰川《おおいがわ》一帯
嵐山小倉山の紅葉が美しい時期に、社寺の船や能楽、舞楽などの芸能船が川を上り下りして技を競う。

12月

筆供養《ふでくよう》【11月23日】正覚庵《しょうがくあん》（東福寺塔頭《とうふくじたっちゅう》）
筆塚の前で奉納された使い古しの筆や鉛筆を焼き、供養する。

大根焚《だいこんだ》き・成道会《じょうどうえ》法要【12月7～8日】千本釈迦堂（大報恩寺）
厄除《やくよ》けの大根供養。釈尊《しゃくそん》が悟りを開いた日を記念し行なわれる。

をけら詣り【12月31日】八坂神社
オケラ（菊科の薬草）を焚いた浄火を参拝者が火縄に移し持ち帰る。

歴史探訪研究会

奈良、京都、鎌倉、江戸など各時代の都市や街道、城下町などの歴史や地理・文化それぞれに得意分野をもつ歴史・地理研究家、編集者などで構成する研究グループ。従来の観光ガイドにはなかった新しい視点で都市を探訪。地図を通して歴史を読み解く試みに挑戦している。

写真提供　中田　昭
川端洋之
三上富之
名鏡勝朗
延暦寺
角田展章／アフロ
京都市文化市民局文化芸術都市推進室
文化財保護課
建仁寺
国立国会図書館
国立能楽堂
五島美術館
晴明神社
東京国立博物館
奈良国立博物館
平等院
鹿苑寺
GLCF/University of Maryland

カバーデザイン　堀　公明
イラスト　倉本ヒデキ
DTP　竹内直美
地図製作　小学館クリエイティブ

編集　小学館クリエイティブ
深澤雅子
的場美香
編集協力　パーソナル企画
長谷川ゆかり
米戸麻衣
山本裕子
八木　孝
地図校正　渡辺真史

本書の鳥瞰図は3Dソフト「カシミール3D」を使用して作成しました。
また、鳥瞰図の作成に当たっては、国土地理院発行の数値地図50000（地図画像）、基盤地図情報を使用。米国メリーランド大学GLCFの衛星画像を使用しています。

京都 歴史地図帖

2015年3月2日　初版第1刷発行
2021年3月13日 初版第2刷発行

発行者　宗形 康
発行所　株式会社 小学館クリエイティブ
〒101-0051　東京都千代田区神田神保町2-14
SP神保町ビル
電話　0120-70-3761（マーケティング部）
発売元　株式会社 小学館
〒101-8001　東京都千代田区一ツ橋2-3-1
電話　03-5281-3555（販売）
印刷・製本　大日本印刷株式会社

ISBN978-4-7780-3512-9

●本書は2006年に発行された『歴史地図本 知って訪ねる 京都』（大和書房刊）に加筆訂正したものです。